AF233997

MÉMOIRES

D'UN

NOTAIRE.

PAR LE COMTE

ARMAND DE PONTMARTIN.

III

PARIS.

GABRIEL ROUX ET CASSANET, ÉDITEURS,

35, rue Sainte-Marguerite-Saint-Germain.

1849.

MÉMOIRES

D'UN NOTAIRE.

NOUVEAUTÉS EN VENTE.

BALZAC.

Le Provincial à Paris . . . . 2 vol.
La Femme de soixante ans . 3 vol.
La Lune de miel . . . . . . 2 vol.
Petites misères de la vie
   conjugale . . . . 3 vol.
Modeste Mignon . . . . . . 4 vol.

CLÉMENCE ROBERT.

Le Tribunal secret . . . . 4 vol.
Le Pauvre Diable . . . . . 2 vol.
Le Roi . . . . 2 vol.
William Shakspere . . . . . 2 vol.
Mandrin . . . . 4 vol.
Le Marquis de Pombal . . . 1 vol.
La Duchesse d'York . . . . 1 vol.
Les Tombeaux de Saint-
   Denis . . . . 2 vol.
La Duchesse de Chevreuse. 2 vol.

EMMANUEL GONZALÈS.

Mémoires d'un Ange . . . . 4 vol.
Les Frères de la Côte . . . 2 vol.
Le Livre d'Amour . . . . . 2 vol.

HENRY DE KOCK.

La Course aux Amours . . 3 vol.
Lorettes et Gentilshommes 3 vol.
Le Roi des Étudiants . . . 2 vol.
La Reine des Grisettes . . 2 vol.
Les Amants de ma Maîtresse 2 vol.
Berthe l'Amoureuse . . . . 2 vol.

ÉLIE BERTHET.

Le Nid de Cigogne . . . . 3 vol.
Le Braconnier . . . . . . 2 vol.
La Mine d'or . . . . 2 vol.
Richard le Fauconnier . . 2 v l.
Le Pacte de famine . . . . 2 vol.

ROLAND BAUCHERY.

Les Bohémiens de Paris . . 2 vol.
La Femme de l'Ouvrier . . 2 vol.

Mme CHARLES REYBAUD.

Thérésa . . . . 2 vol.

MÉRY.

Un Mariage de Paris . . . 2 vol.
Le Transporté . . . . . . 2 vol.
La Veuve inconsolable . . 2 vol.
Une Conspiration au Louvre 2 vol.

PAUL FÉVAL.

Le Mendiant noir . . . . . 3 vol.
La Haine dans le mariage 2 vol.

MOLÉ-GENTILHOMME.

Le château de Saint-James. 4 vol.
Marie d'Anjou . . . . . . 2 vol.
La Marquise d'Alpujar . . 1 vol.
Le Rêve d'une mariée . . 2 vol.

AMÉDÉE ACHARD.

Roche-Blanche . . . . . . 2 vol.
Belle Rose . . . . 5 vol.
La Chasse royale . . . . . 2 vol.

MICHEL MASSON.

Les Enfants de l'atelier . 1 vol.
Le Capitaine des trois Cou-
   ronnes . . . . 4 vol.
Les Incendiaires . . . . . 4 vol.

SAINTINE.

La Vierge de Fribourg . . 1 vol.

LÉON GOZLAN.

La Dernière sœur grise . . 1 vol.

P.-L. JACOB.

Mémoires de Roquelaure . 7 vol

ROGER DE BEAUVOIR.

L'Abbé de Choisy . . . . 3 vol.
Mémoires de Mlle Mars . . 2 vol.

EUGÈNE DE MIRECOURT.

Madame de Tencin . . . . 2 vol.
La Famille d'Arthenay . . 2 vol.

Imprimerie D'ÉDOUARD PROUX et comp., rue Neuve-des-Bons-Enfants, 3.

MÉMOIRES

D'UN

NOTAIRE.

PAR LE COMTE

ARMAND DE PONTMARTIN.

III

———— ∞∞∞∞∞∞ ————

PARIS,

GABRIEL ROUX ET CASSANET, ÉDITEURS,

33, rue Sainte-Marguerite-Saint-Germain.

—

1849.

LA GLACIÈRE.

VI.

Huit ou dix jours après la scène retracée dans
notre dernier chapitre, M. de Varni arrivait à Avignon et rentrait dans son hôtel désert. Pendant toute
la route, il n'avait prononcé que quelques paroles;
c'était pour supplier Dominique et Claude de garder
le silence le plus profond sur les détails de la mort
du malheureux Elzéar, et de laisser croire à Adrienne,

sa veuve, qu'il était mort, percé par la balle ou le poignard d'un patriote, en se dévouant pour le salut des augustes captifs. Je n'ai pas besoin d'ajouter que ses deux compagnons de route le lui avaient solennellement promis.

M. de Varni passa toute une semaine enfermé, et sans consentir à voir personne, pas même Dominique et Claude. Certes, qui l'eût rencontré, le soir, errant dans les grands corridors et les salons solitaires de sa fastueuse maison, l'eût pris pour un spectre, pour une âme en peine s'éveillant du fond du tombeau, et venant promener ici-bas ses remords et ses douleurs inconsolées. Au bout de ce temps, il écrivit à Adrienne, restée au Tavelay avec Raymon, quelques lignes d'une sombre énergie pour lui apprendre la catastrophe qui les avait frappés. Mais Adrienne la savait déjà. Dominique, qui, depuis l'horrible épisode de Varennes et de la forêt de Dun, était en proie à un violent désespoir, avait cherché, au milieu de son affliction, à adoucir le coup qui allait briser le cœur de la noble veuve. Il avait pensé qu'Antoinette, sa femme, et Adeline, sa belle-fille, auraient peut-être le secret de mêler quelque consolation, quelque tendre soulagement à l'affreuse nouvelle, et il les avait envoyées au Tavelay, chargées du funèbre message. Les deux femmes s'étaient vêtues de deuil. Je ne sais si, dans l'entraînement de mon récit, je vous ai dit, Monsieur le vicomte, qu'un an après leur mariage Agricol et Adeline Ermel avaient eu un fils. (Cet enfant, c'était moi.) Adeline l'habilla également de noir, et le prit avec elle. Lorsqu'elles arrivèrent au Tavelay, leurs regards, bien avant leurs lèvres, annoncèrent à Adrienne ce qu'elles avaient à lui apprendre. « Elzéar est mort? — leur dit-elle. — Pour toute réponse, elles se jetèrent dans ses bras, et pendant quelques minutes ce ne fut, entre ces trois êtres si purs, qu'un douloureux échange de pleurs, de baisers et de gémissantes caresses. Raymon et Calixte, trop jeunes pour savoir ce que c'est que le malheur, pleuraient de voir pleurer leurs mères.

Adrienne connaissait si bien l'âme noble, la chevaleresque bravoure, le poétique dévoûment d'Elzéar, qu'elle ne douta pas qu'il n'eût été tué en essayant de défendre le Roi. Son sacrifice était fait d'avance, et l'idée de cette glorieuse mort fut pour elle la plus puissante des consolations. Les détails que lui donnèrent Antoinette et Adeline d'après le récit que leur en avait fait, dans le même sens, Dominique Ermel, l'affermirent encore dans cette idée. Aussi, pour son âme haute et courageuse, cette douleur immense fut-elle tempérée par une secrète douceur. Elle pleura, mais comme on pleure avec le sentiment d'un devoir noblement rempli : mystérieuse volupté de l'immolation que les cœurs d'élite trouvent au fond des plus douloureux sacrifices !

L'étiquette avait, à cette époque, tant d'autorité dans les familles de haute noblesse, qu'Adrienne, avant de prendre une résolution, attendit que son beau-père lui écrivît. M. de Varni, dans la lettre où il lui faisait part de leur malheur, la laissait libre de rester au Tavelaŷ ou de venir le trouver. Quelques heures après, elle était à Avignon, saluant le vicomte avec Raymon dans ses bras.

L'entrevue fut solennelle et silencieuse. — Il a

fait son devoir, n'est-ce pas? dit Adrienne à M. de Varni. — Il inclina la tête en signe d'affirmation; elle n'en demanda pas davantage, ne voulant pas le remettre face à face de ces cruelles images, et se croyant d'ailleurs suffisamment renseignée par le récit d'Antoinette et d'Adeline. Il y eut donc peu d'expansion entre le vicomte et sa belle-fille. Elle aussi se ressentait, à son insu, de cette impression étrange que causait ce sombre vieillard, même à ceux qui l'aimaient et ignoraient son passé. Il lui inspirait une sorte de malaise qui repoussait les paroles tendres et les effusions de cœur. Peut-être Dieu permet-il que les âmes criminelles et souillées portent avec elles je ne sais quel signalement invisible, indéfinissable, qui les dénonce et écarte d'elles la confiance et l'amour; à peu près comme ces maisons maudites où un crime s'est commis, et qui, longtemps après le crime, conservent encore une physionomie sinistre. Ce n'est pas seulement pour nous préserver du contact de ceux qui ont fait le mal que Dieu les condamne ainsi à inspirer cette vague répulsion, cette instinctive répugnance; c'est pour les châtier : l'homme étant destiné au malheur par cela même qu'il est homme et qu'il existe , ce n'est pas en lui envoyant des afflictions que la Providence le punit et le frappe, mais en lui préparant pour les jours de douleur cet isolement de cœur , véritable supplice des méchans.

M. de Varni et Adrienne passèrent donc quelque temps ensemble dans leur hôtel triste et vide, sans que rien, dans leurs relations réciproques, fût de nature à adoucir la douleur qui les accablait. Madame Elzéar de Varni était cependant moins malheureuse que son beau-père; celui-ci, qui avait constamment devant les yeux toutes les scènes de l'horrible drame où il avait fini par devenir le bourreau de son fils bien-aimé , ne formait plus qu'un vœu et n'avait plus qu'une espérance : mourir ! A dater du moment où il avait eu le courage de se servir du pistolet que lui présentait Elzéar et de faire cet affreux sacrifice à l'honneur de son nom, il s'était regardé comme n'étant plus de ce monde. Son cœur, tant de fois brisé déjà, s'était enseveli auprès de l'innocente et noble victime, enterrée, avec les honneurs militaires, sur la lisière de la forêt de Dun. Cependant, le désespoir et

le remords lui faisaient encore sentir la vie, et chaque
fois que ses lèvres essayaient de murmurer une prière,
c'était pour demander à Dieu de l'arracher bien vite
à ce monde, où il n'était plus qu'un fantôme portant
une plaie sanglante à la place du cœur, et contem-
plant une fosse ouverte à ses côtés.

Pendant ce temps, la révolution du Comtat devenait, chaque jour, plus violente et plus terrible ; et,
si M. de Varni et Adrienne, absorbés dans leur affliction, n'avaient pas été aussi indifférens à tout péril qu'étrangers à ce qui se passait au dehors, ils ne
seraient pas restés un moment de plus dans une ville
où la mort était constamment suspendue sur leur
tête. Cependant, deux ou trois mois s'écoulèrent
sans qu'ils fussent inquiétés. A leur insu, ils étaient
protégés par Claude. Ce persécuteur implacable, qui,
secrètement affilié aux Jourdan *coupe-tête* et aux
Minvielle, n'aurait eu qu'un mot à dire pour faire
poignarder tous les habitans de l'hôtel de Varni, prenait, au contraire, une sorte de plaisir sauvage à retarder le dernier acte de sa vengeance et à prolonger
cette morne agonie.

Un matin, au mois d'octobre, Claude alla trouver Dominique Ermel. Depuis l'épisode de Varennes, Dominique ne pouvait plus le voir sans tressaillir d'horreur ; et, pourtant, tel était l'ascendant que cet homme exerçait sur lui, telle était encore, après trente-cinq ans, la puissance des souvenirs qui représentaient au notaire la mort et le testament de Maria de Varni, qu'après de vains essais de résistance, il finissait par céder.

—Dominique, dit Claude à son ancien ami, bien que pendant notre voyage à Varennes vous ayez eu bonne envie de me brûler la cervelle, je vous aime toujours : je viens vous donner un avis...

—Et si je refuse de le suivre? répondit Dominique pâle de colère et d'effroi.

—Alors cet avis changera de nom ; il s'appellera un ordre.

—Parlez donc, puisqu'autant vaudrait essayer de fléchir le démon qui respire en vous !...

— Non, ce n'est pas un démon ; c'est l'image de celle à qui vous devez, vous, trente-cinq ans de bonheur, et qu'il vous eût été commode d'oublier, n'est-ce pas ?

— Eh bien ! avis ou ordre, parlez : j'écoute.

— Je vous préviens que d'ici à quelques jours *il va faire chaud* à Avignon, et, comme ma protection pourrait bien devenir impuissante, comme je ne veux pas que vous périssiez, ni vous, ni les vôtres, je vous *conseille* de chercher un asile.

— Et où aller ? dit le notaire, frémissant à l'idée du danger que couraient sa femme et ses enfans.

— J'y ai pensé, répondit Claude ; en ma qualité d'intendant de monsieur le vicomte de Varni, je vous donne, ou plutôt je vous loue le château de Maleraygues.

— Maleraygues ! s'écria Dominique à qui ce nom rappela l'affreux moment où il avait vu Clémentine et Julie tomber dans le gouffre du *Trou-du-Renard*, et Edwige expirer dans ses bras, folle de désespoir.

—Oui, Maleraygues, reprit Claude, dont le visage prit une expression plus sinistre encore. Vous trouvez qu'il me faut du courage pour prononcer ce nom et évoquer ce souvenir. C'est qu'en me vouant à cette œuvre de vengeance et de châtiment, j'avais pressenti que mes ennemis ne seraient pas seuls à souffrir ; qu'en les frappant, il m'arriverait de me frapper moi-même ; que cette arme, remise entre mes mains par Maria, était trop terrible, trop meurtrière pour ne pas atteindre du même coup les victimes et l'exécuteur... et je m'étais préparé d'avance au combat ; d'avance j'avais endurci mon cœur à la douleur, comme ma conscience au remords. J'ai souffert, mais je n'ai point faibli : mon cœur a été brisé, mais je suis resté debout ; et aujourd'hui que je touche au dénoûment de cette tragédie sanglante, vous ne me verrez, Dominique, ni pâlir, ni hésiter.

Cette fermeté, cette énergie dans le mal subjuguaient Dominique ; il attendit en silence que Claude continuât :

—Vous irez donc à Maleraygues ; vous ne pourriez trouver, en ce moment, de refuge plus sûr ; c'est un pays tranquille où la révolution n'a pas pénétré encore, et que protége contre nos tempêtes sa verte ceinture de montagnes. Mais vous n'irez pas seuls ; il faut que vous y conduisiez mon fils Jérôme, et Raymon, l'enfant d'Elzéar de Varni...

—Ah ! j'entends, interrompit le notaire avec amertume ; il faut que celui-là vive, n'est-ce pas? pour que dans quelque vingt ans, la série des vengeances et des crimes recommence.

— Oui, Maria l'a ordonné ainsi, et je lui obéirai jusqu'à mon dernier soupir : c'est à vous, qui avez toute la confiance du vicomte de Varni et de sa belle-fille, d'obtenir d'eux qu'ils se séparent de cet enfant. Ce ne sera pas difficile ; vous n'aurez qu'à leur dire qu'ils courent de grands dangers à Avignon ; ce sera pour eux un motif de renvoyer Raymon et de rester.

—J'obéirai, dit Dominique après un moment de silence.

—Bien ; mais ce n'est pas tout, poursuivit Claude en luttant contre une émotion qu'il parvint à surmonter ; vous passerez par Bagnols ; mon fils Jérôme y est encore au collége ; je ne veux pas l'avoir auprès de moi pendant la crise où nous allons entrer ; vous le prendrez avec vous ; vous l'emmènerez à Maléraygues ; et, là, vous lui remettrez cette lettre, qui renferme mes dernières instructions... car Jérôme ne me reverra plus.

—Que voulez-vous dire ?

—Vous le saurez plus tard ; une fois sorti d'Avignon, ne vous occupez plus de moi. Dans cette lettre, j'ordonne à Jérôme de quitter la France pendant de longues années, d'aller habiter Baveno, où nous avons, Julie et moi... passé le seul temps heureux que Dieu nous ait accordé. Il sait d'avance à quelle tâche héréditaire il est destiné ; et, je vous l'ai dit, sa haine pour le nom de Varni a été le premier sentiment qui ait fait battre son jeune cœur. Je suis donc sûr de lui comme de moi-même, et je sais que mes volontés dernières seront fidèlement exécutées.

—Mais pourquoi ne voulez-vous plus le revoir? demanda Dominique que faisait frissonner cette volonté implacable, cette prévoyance terrible.

—Parce que je m'attendrirais, et que ce n'est pas dans mon rôle, répondit Claude en s'efforçant de paraître calme. Je dois oublier que je suis père, comme j'ai oublié que j'étais époux.

— Ainsi donc ?

—Ainsi voilà qui est bien convenu ; vous partirez demain, après avoir obtenu du vicomte de Varni et de madame Elzéar qu'ils vous confient Raymon; vous ferez sortir Jérôme du collége de Bagnols; vous lui donnerez ma lettre, et vous vous arrangerez pour qu'il quitte la France dans le plus bref délai... Après cela, vous vous enfermerez à Maleraygues ; vous laisserez passer la tourmente, en tâchant d'y vivre

ignoré, et surtout en m'oubliant. S'il vous arriv^t
d'Avignon des nouvelles de carnage et de mort, ne
cherchez pas à connaître la part que j'y aurai prise,
ni à savoir ce que je serai devenu... Vous éleverez,
avec autant de soin que s'il était votre fils, ce Raymon de Varni qui va grandir auprès de vous, et dont
vous serez le tuteur... Puis, lorsqu'il en sera temps,
votre fils Agricol obéira à Jérôme, comme vous m'a-
vez obéi... Voilà tout.

Dominique voulait répondre, Claude le prévint.

—Pas un mot de plus là-dessus, lui dit-il; vous savez que vous ne me fléchiriez pas. Vous savez que
votre résistance ou celle de vos descendans attirerait
sur vous et les vôtres une partie de mes vengeances,
sans en préserver la famille de Varni. Que cette pensée tranquillise votre conscience troublée! Maintenant, Dominique , poursuivit Claude d'une voix
moins rude, maintenant que nous allons nous séparer pour jamais, nous séparerons-nous ennemis?

— Et comment voulez-vous que nous nous sépa-

̃ions? répondit tristement le notaire. Tout le mal que
j'aurai vu faire en ce monde, c'est vous qui l'avez
fait; tout le mal que j'ai fait moi-même, c'est vous
qui me l'avez dicté. J'ai vu périr des êtres purs et
charmans que votre main frappait, secondée par la
mienne : j'ai vu arrêter sous mes yeux les personnes
royales, et, par un art infernal, ces têtes augustes
atteintes du même coup qui foudroyait le vicomte et
son fils. Vous m'avez créé une existence étrange,
d'un côté toute de bonheur, de paix, de vertu, de
lumière; de l'autre, toute de haine, de crimes et de
ténèbres. Là le paradis, ici l'enfer... Comment voulez-vous que je ne vous regarde pas en ennemi ?

— Pourtant, dit Claude en s'abandonnant peu à
peu à une sorte d'entraînement bizarre, je n'étais
pas né méchant. Dominique, vous souvenez-vous de
nos vingt premières années, de nos amours si pures
et si belles? Ah ! ce Claude Rioux, ce pauvre batelier du Rhône qui vous passait dans sa barque et
vous répondait par le doux nom de Julie quand vous
murmuriez le doux nom d'Antoinette, ce Claude
n'existe plus. Il a cessé d'être le jour où Maria ago-

nisante lui a soufflé, avec son haleine fiévreuse, le génie de la haine et de la vengeance!... Oui, Dominique, Dieu n'a pas voulu qu'une-mission pareille pût être acceptée impunément, et qu'une pensée de crime pût s'acclimater dans une âme sans la rendre criminelle! Cette pensée qui me rattachait tout entier au testament de Maria, je l'ai sentie s'infiltrer dans tout mon être, le transformer peu à peu, devenir pour moi comme une seconde nature... et alors ce n'est plus la volonté d'un autre que j'ai suivie, c'est la mienne ! L'œuvre à laquelle j'étais condamné, je l'ai accomplie comme mon propre ouvrage; je n'obéissais plus, j'agissais... L'âme de Maria était devenue mon âme : il n'y avait plus de Claude Rioux; il n'y avait qu'un d'Arrioules, un Darnioli, une créature sans nom, un instrument de torture et de mort, créé pour frapper comme le stylet, pour tuer comme le poison , pour punir comme le bourreau !

Malgré l'insurmontable horreur que lui inspirait Claude, le notaire était profondément ému en écoutant ces paroles; Claude continua :

— Aussi, Dominique, au milieu des ténèbres sanglantes qui s'étaient faites dans mon âme, savez-vous
quelle a été pour moi la consolante lueur? Je me
disais que des trois exécuteurs testamentaires de
Maria de Varni, j'étais le seul criminel; que j'absor-
bais en moi seul toute la responsabilité de nos crimes; que vous, l'ami de ma jeunesse, et mon infor-
tunée Julie, vous restiez purs, même dans ces momens horribles où je vous forçais d'être mes com-
plices... Dominique, comprenez-vous maintenant
pourquoi je ne veux pas que nous nous quittions en
ennemis?

Et il tendait la main au notaire.

— Eh bien! lui dit celui-ci, si vous voulez que je
touche à cette main que vous me tendez, accordez-
moi une grâce!

Le front de Claude se rembrunit aussitôt:

— Rien, répliqua-t-il, qui soit de nature à entra-

ver les vengeances à venir ; je vous le répète , vous
me trouveriez inflexible.

— Claude Rioux, reprit Dominique, voici la grâce
que je vous demande au nom de ces souvenirs que
vous venez d'évoquer. J'ai antour de moi trois personnes qui n'ont jamais fait le mal , qui ne le soup-
çonnent pas : Antoinette , ma femme , l'amie de
votre adorée Julie ; Adeline, ma belle-fille , et Agricol, mon fils. La vue de ces trois êtres chéris me repose de mes secrètes douleurs ; leur sourire est mon
soleil, et il me semble , quand je les regarde , que
mon cœur se purifie. J'aimerais mieux mille fois
mourir que de laisser approcher de ces âmes un seul
de nos sanglans nuages, une seule de ces pensées de
vengeance et de mort qui troubleraient pour toujours
leur calme et leur pureté. Permettez donc que tous
les trois ignorent jusqu'à la fin à quelle œuvre funeste je suis associé, quelle meurtrière atmosphère
ils auront respirée à leur insu. Votre fils Jérôme n'a
pas encore dix-huit ans ; Agricol en a plus de trente;
Calixte, mon petit-fils , n'a qu'un an de moins que

Raymon de Varni, le dernier rejeton de cette malheureuse race...

— Eh bien? interrompit Claude avec quelque impatience.

— Eh bien! n'y aurait-il pas moyen que le testament de Maria n'atteignît que mon petit-fils et moi ? Je conserverai cette Étude jusqu'à ma mort, et je m'arrangerai pour qu'après moi Agricol la cède à son fils, dès que Calixte aura trente ans. De cette façon, il n'y aura presque pas de lacune. Songez, d'ailleurs, que Raymon de Varni n'a que cinq ans à peine, et que, d'après les ordres mêmes de Maria, nous devons attendre que chacun de ces infortunés se soit marié et ait un fils afin que notre vengeance puisse se continuer de génération en génération. Bien des années vont s'écouler pendant lesquelles ce jeune Raymon devra être sacré pour nous : ces années de répit, permettez qu'Agricol en profite... Plus tard, je laisserai mes instructions à Calixte comme vous laissez les vôtres à Jérôme... Voyons, Claude, puisqu'à travers vos pensées de mort et de tuerie, vous avez eu un moment d'affectueux retour vers le passé, ne refusez pas cette grâce à votre vieil ami... et, malgré le mal que vous m'avez fait, malgré celui que vous m'avez fait faire, Claude, nous ne nous séparerons pas sans que je vous tende la main !

— J'entends, dit Claude avec une teinte de raillerie mêlée de tristesse, vous voulez que je vous accorde ce que, vous autres notaires, appelez une substitution.

— Justement, répondit Dominique en essayant de sourire.

— Eh bien ! j'y consens; seulement, n'oubliez pas que la mission de Jérôme reste intacte, qu'Agricol pourra tout ignorer, mais que mon fils n'en sera pas moins libre d'agir si les circonstances l'exigent. Et, maintenant, Dominique, adieu !

— Adieu : je vous remercie de la douleur que vous m'épargnez, au milieu de toutes celles qui m'assiégent. Que Dieu vous pardonne ! Hélas ! quand

vous êtes auprès de moi, je ne me sens plus digne de
le prier... Claude, voici ma main; sans vous, elle
eût été bien pure; mais je ne vous en veux pas; c'est
à Hyères, c'est le 10 octobre 1756, qu'a retenti à
notre oreille la voix qui nous conduit tous les deux.

Claude et Dominique échangèrent une rapide
étreinte; après quoi, le notaire resta seul.

Quelques moments après, il se présenta chez le
vicomte de Varni : il le pria de faire appeler sa belle-
fille, et, lorsqu'Adrienne fut arrivée, il leur annonça
qu'ils ne pouvaient demeurer à Avignon un jour de
plus sans courir les plus grands périls.

— C'est bien ainsi que je l'entendais, répondit le
vicomte avec une expression qui ressemblait presqu'à
de la joie; je trouvais seulement que ces périls se
faisaient bien attendre.

— Et moi aussi, dit Adrienne.

—Oui, mais vous avez un enfant, reprit Dominique;

voulez-vous donc que Raymon soit exposé à périr avec vous?

Le grand-père resta immobile ; la mère tressaillit. Dominique continua :

— Ce n'est pas à moi à vous donner un conseil ; permettez-moi seulement de vous dire que, si vous voulez que Raymon soit en sûreté, je me charge de ce soin : je l'emmènerai à la campagne, avec toute ma famille, dans une habitation éloignée de notre malheureuse ville et où la révolution n'a pas pénétré...

— Merci, Ermel, dit le vicomte.

— Oh! Monsieur! je vous rends grâce, et vous devrai le repos de mes derniers momens, ajouta la jeune veuve.

— Mais ne viendrez-vous pas aussi? Ne cherche-rez-vous pas aussi un asile? demanda timidement le notaire en regardant tour-à-tour M. de Varni et Adrienne.

— Ma belle-fille fera ce qu'elle voudra , répliqua le vicomte ; moi , je reste...

— Je ne reste pas , moi, reprit Adrienne : je vais à Elzéar !

Ces mots furent dits avec une passion si profonde que le vicomte et Dominique frissonnèrent.

— Ma fille, dit M. de Varni, je ne prétends pas vous donner des ordres ; réfléchissez pourtant que votre vie n'est pas finie comme la mienne, que vous pouvez encore faire quelque chose en ce monde. Vous avez un enfant...

En même temps, le vicomte sonna et dit au domestique qui se présenta :

— Qu'on amène Raymon !

Raymon arriva ; c'était un bel enfant de cinq ans aux joues roses et fraîches , aux cheveux longs et soyeux, retombant bouclés sur son cou. Il sauta sur les genoux de sa mère; elle le serra sur sa poitrine avec une indicible expression de tendresse.

— Pauvre enfant! lui dit-elle ; né la veille d'un orage, orphelin à cinq ans ! Pour toi, je devrais avoir le courage de vivre ; mais, je le sens , je ne suis plus de ce monde.... Elzéar m'appelle ; mon âme était si étroitement unie à la sienne , que Dieu m'a brisée en nous séparant. A quoi te serais-je bonne? Je mourrais lentement ; tu me verrais expirer de langueur entre tes bras.... et alors, peut-être, tu ne serais plus assez jeune pour perdre ta mère sans la pleurer... Ah! je veux du moins t'épargner cette angoisse, la plus horrible qui puisse déchirer un fils ici-bas; je ne veux pas disputer ma vie à ces fureurs révolutionnaires qui ont tué Elzéar. Nous respirions le même souffle; le même sentiment nous faisait vivre; nous mourrons de la même mort. Adieu, cher enfant! sois plus heureux que ton aïeul , que ton père et que ta mère! Que Dieu te protége comme je te bénis ! Qu'il te guide comme je t'aime!... Depuis trois mois, toutes mes larmes sont pour El- zéar : la dernière sera pour toi ! Adieu!

La jeune femme se leva, tenant toujours Raymon dans ses bras, et le remettant à Dominique : — Je vous le donne, lui dit-elle. Ensuite, elle passa rapidement sa main sur ses yeux humides, et se tournant vers le vicomte, elle lui dit :

— Mon père! je suis prête : nous mourrons ensemble.

— Bien, ma fille, répliqua M. de Varni.

Le soir approchait; Dominique leur annonça qu'il comptait sortir d'Avignon à la nuit tombante, et que, par conséquent, le moment du départ était venu. Cette mélancolique scène se passait dans un de ces grands salons de haute lice, qui donnaient, à cette époque, aux drames de la vie privée un cadre si imposant. L'ombre gagnait déjà les angles de ce vaste appartement, pendant qu'un dernier rayon de jour, dessinant les personnages sur ce fond obscur, faisait ressortir leur pâleur. M. de Varni, tout vêtu de noir, était debout et immobile, tenant par la main sa belle-fille qui, tout en se serrant contre lui, ne lâchait pas Dominique et promenait une dernière fois ses lèvres sur les joues de Raymon, que le notaire lui présentait à la hauteur de son visage. — Partez, dit-elle enfin à demi-voix. Une petite porte s'ouvrit, et Dominique disparut avec son précieux fardeau.

Le vicomte et Adrienne restèrent là, quelques momens encore, silencieux et abîmés dans le triste océan de leurs pensées. Tout-à-coup, ils furent comme réveillés en sursaut par un grand bruit de voix et de pas qui venait de la rue et qui se rapprochait de l'hôtel. Au bout d'un instant, on frappa violemment à la porte.

— Qu'on ouvre! dit M. de Varni aux domestiques tremblans.

On ouvrit; une foule d'hommes armés, aux costumes débraillés, aux figures sinistres, se précipita dans la cour et dans le vestibule ; là, ils trouvèrent le vicomte et Adrienne qui les attendaient, et qui, en face du péril, avaient retrouvé tout leur calme.

Cette troupe déguenillée, féroce, hurlante, avait pour chef un homme masqué, de haute et vigoureuse stature, qui exerçait évidemment un certain ascendant sur ses compagnons.

— A bas les papistes! les aristocrates! criaient ces forcenés. Le brave Lescuyer, la fleur des patriotes, vient d'être poignardé, aux Cordeliers, par la faction contre-révolutionnaire ; pour chaque goutte de son sang, il nous faut la vie d'un de ces infâmes, trop épargnés jusqu'ici!

— Vous l'aurez! dit l'homme masqué d'une voix sourde.

— A mort ceux-ci comme tous les autres! A mort le vieux Varni! c'est un noble! c'est un parent du pape! A mort!

L'homme masqué alla droit à M. de Varni et à sa belle-fille , et, de cette voix impérieuse dont il semblait chercher à déguiser le timbre habituel , il leur dit :

— Voici le moment ; marchez.

Les deux proscrits sortirent de l'hôtel de Varni, accompagnés de cette tourbe abominable qui ne cessait pas de vociférer des cris de mort. A la lueur des torches, M. de Varni put voir quelques-uns de ces bandits qui, montés sur des échelles , brisaient, à grands coups de marteau, son écusson sculpté dans le mur au-dessus de la porte.

Dans la rue, le sanguinaire et lugubre cortége ne tarda pas à se rencontrer avec des bandes du même genre, qui , elles aussi , entraînaient leurs victimes ; le mot d'ordre était donné ; il se répandait de bouche en bouche, et l'assassinat de ce Lescuyer, secrétaire-greffier de la commune , devenait le prélude et le signal de cette vaste tuerie que ces misérables désiraient et attendaient depuis long-temps.

On marcha ainsi jusqu'au palais des Papes ; en chemin, les outrages et les blasphêmes pleuvaient sur le vicomte et Adrienne ; mais ils les trouvaient impassibles. La mort d'Elzéar les avait détachés de la terre ; l'un par ce désespoir sans remède et sans bornes qui lui rendait la vie insupportable ; l'autre , par cette douleur mêlée d'une pieuse espérance qui l'attirait vers le ciel auprès de son époux bien-aimé.

Enfin ils arrivèrent au palais, et on les introduisit dans une des salles qu'on appelait encore, par dérision ou par habitude, l'appartement du Vice-Légat. Grâce à une de ces bizarreries inhérentes à la nature humaine, et qui, dans ces crises suprêmes où notre vie est en jeu, nous retracent, avec une lucidité effrayante, nos plus lointains souvenirs, M. de Varni, en entrant, se rappela que c'était dans cette même salle que son parent, Paul Passionei, vice-légat du Pape en 1755, lui avait donné une fête splendide le lendemain de son mariage avec Maria de Perne. A trente-six ans de distance, il revit l'admirable visage de la jeune épousée, empreinte déjà de cette pâleur

mate et de cette expression de froideur menaçante
avec laquelle cette image se présentait constamment
à sa mémoire. En un instant, les égaremens et les
crimes de sa jeunesse, les espérances et les joies perdues de son âge mûr, les afflictions inouïes de sa
vieillesse, lui apparurent liés les uns aux autres par
ce même souvenir, et il lui sembla lire, inscrit sur
sombres murailles, ce nom de Maria, résumant toute
sa vie au moment où il allait mourir.

Dans cette salle magnifique où l'on voit encore des
traces de peintures attribuées au Giotto, et où, aux
belles époques de l'histoire d'Avignon, l'élite d'une
des sociétés les plus brillantes et les plus polies de
l'Europe faisait assaut d'élégance, de splendeur et de
luxe, le célèbre Jourdan Coupe-tête s'était installé
comme juge souverain. Devant lui était placée une
table grossière, espèce d'étal de boucher que le scé-
lérat ne détournait assurément pas de sa destination
primitive. Aux quatre angles de cette table brûlaient
quatre chandelles fumeuses, qui éclairaient d'une
lueur fauve et morne ce vaste appartement. Çà et là,
éparpillés sur des bancs et sur le plancher, on voyait

des pièces de viandes froides et des brocs de vin, ap-
prêtés d'avance, moins pour encourager le zèle des
exécuteurs que pour réparer leurs fatigues. Jourdan
avait fait asseoir auprès de lui un tribunal improvisé,
formé de quelques-uns de ses plus dignes acolytes.
Enfin, le long de ces murs dont les tentures en brocatelle, déchirées ou trouées en maint endroit par
les piques et par les balles, pendaient tristement
comme les haillons du passé, se pressaient des figures
féroces, barbouillées de sang, de vin et de poudre,
venues là de tous les quartiers de la ville pour terminer cette orgie sanglante, cette fête de l'assassinat.

Lorsque M. de Varni et Adrienne arrivèrent, la
séance était déjà commencée. On appelait les noms
de deux femmes, les dames Arnaud et Crouzet.

Elles étaient belles, et l'une des deux se trouvait
dans un état de grossesse assez avancée. Qu'avaient-
elles fait pour mériter la mort? Elles l'ignoraient, et
leurs juges ne le savaient pas mieux; on les avait ar-
rêtées près des Cordeliers, quelques momens après

ce rassemblement funeste où le patriote Lescuyer avait été massacré.

— A mort les deux bigotes ! s'écria une voix avinée, lorsque ces deux femmes comparurent devant le dérisoire tribunal.

—A mort les meurtrières de Lescuyer ! répéta une voix sinistre.

Jourdan fit un signe ; les deux femmes furent emmenées vers un escalier immense qui conduisait au haut de la tour de Trouillas, mieux connue sous le nom de tour de la Glacière. La porte qui donnait sur cet escalier s'ouvrit, béante et sombre comme une bouche de l'enfer, laissant passer, avec une bouffée de vent humide, un murmure de cris, de gémissemens et de soupirs. Puis la bouche se referma sur les deux victimes, et l'on passa à *l'interrogatoire* d'un autre accusé.

Celui-ci était un prêtre octogénaire ; des cheveux blancs ombrageaient sa tête vénérable, ses lèvres semblaient sourire aux bourreaux et murmurer une prière pour ceux qui allaient l'égorger. Il s'appelait l'abbé de Nolhac.

—Curé insermenté! s'écria-t-on de toutes parts.

Ce mot disait tout ; Jourdan répéta son terrible geste, et l'abbé de Nolhac fut emmené vers l'escalier de la Tour.

Mais j'ai beau rassembler tout mon courage, le cœur me manque en retraçant ces horribles scènes ; il faudrait presque, pour les décrire, quelque chose de la dureté sauvage de ceux qui y participèrent. A quoi bon insister d'ailleurs? Les archives de cette affreuse nuit sont là, constatant les noms de cent vingt victimes immolées par ces cannibales, avec des raffinemens incroyables : le fils près de la mère, la femme sous les yeux du mari, l'enfant entre les bras du vieillard. Ceux qu'on ne précipitait pas à travers la vaste cage de l'escalier, étaient traînés jusqu'au grenier de la Tour. Là, on avait pratiqué un grand trou, et on les jetait par cette ouverture, à une hauteur immense, blessés, mutilés, sanglans, mais vi-

vans encore et demandant en vain la mort à leurs
bourreaux, qui n'avaient pas même la pitié cruelle
de les achever.

Cette boucherie touchait à sa fin, lorsque la voix
d'un des farouches assesseurs de Jourdan appela le
ci-devant vicomte Louis-Raoul-Etienne de Gigondas
de Varni, et sa belle-fille Adrienne-Charlotte-Marie-
Athénaïs de Flassan, veuve Elzéar de Varni.

Ces noms soulevèrent, parmi les assistans, un nouveau cri de fureur et de haine.

— Comment de pareils aristocrates, dit Jourdan,
ont-ils échappé jusqu'ici à la justice des patriotes?

— Parce que je les protégeais, répliqua, de cette
voix sourde qui avait déjà fait tressaillir le vicomte,
l'homme masqué qui n'avait pas quitté la salle et qui
se tenait debout entre les victimes et les juges.

— Et qui es-tu, toi qui parles? demanda Jourdan
Coupe-Tête.

L'homme masqué se pencha vers lui, et murmura, à son oreille, quelques mots auxquels Jourdan répondit par un signe d'assentiment.

— Et maintenant, reprit-il après un instant de silence, tu ne les protéges plus?

— Non, repartit l'homme masqué, en laissant tomber cette syllabe comme le coup de hache sur le billot.

— Eh bien! emmène-les! — Et Jourdan compléta son ordre par un mouvement d'épaules très significatif.

L'homme les emmena; sur le fatal escalier, dont les murs ruisselaient de sang (les taches s'y voient encore), leurs pieds heurtaient des corps entassés, dont la plupart respiraient; quelques bandits, subalternes du meurtre, échelonnés sur les marches, voulaient saisir et frapper les deux nouvelles victimes, dont la vue dissipait leur hideuse lassitude.—Ne touchez pas à ces deux condamnés! s'écria l'homme masqué ; ils sont à moi : Jourdan me les donne.

A ce nom, toutes les piques s'abaissèrent.

Au haut de l'escalier, ils trouvèrent ce vaste grenier où l'on avait pratiqué un grand trou. En se penchant sur ce trou, on voyait, comme au fond d'un gouffre infernal éclairé par une infernale flamme, s'agiter et se tordre, à quatre-vingts pieds de distance, des bras, des membres disloqués, des visages qui semblaient détachés de leurs corps, des torses étoilés de plaies ; une vision de Dante, peinte par Michel-Ange. De temps à autre, une plainte vague, un gémissement étouffé, montait vers la fatale ouverture, comme le souffle de cette région de mort.

— C'est bien, dit l'homme masqué d'un air satisfait.

— Monsieur, lui demanda Adrienne d'une voix ferme et sans rien perdre de la dignité de son attitude , pourquoi ne nous tuez-vous pas tout de suite?

—Parce qu'avant de vous laisser mourir, j'ai à vous parler à tous les deux.

Les deux condamnés regardèrent avec étonnement leur mystérieux persécuteur.

—Madame de Varni ! reprit-il brusquement : comment croyez-vous que soit mort monsieur Elzéar de Varni, votre époux ?

— En brave, répondit-elle sans hésiter, en loyal et vaillant défenseur de notre auguste et malheureux Roi ; tué, en se battant pour cette noble cause, par quelque assassin comme vous !

— Il est mort de la mort des traîtres, accusé d'avoir contribué à l'arrestation de Louis XVI. Sur la lisière d'un bois, en face de ses compagnons d'armes, il a été exécuté, comme un criminel, par son père lui-même... par le vicomte de Varni, qui n'a trouvé

que ce seul moyen de sauver les lambeaux de son
honneur, et d'obtenir d'un chef indigné l'aumône de
l'oubli.

— Tu mens, misérable! s'écria Adrienne dont le
visage étincela.

— Monsieur le vicomte, dites à Madame si je mens!
répliqua froidement l'inconnu.

Le vicomte resta muet : à la faveur de son morne
silence, l'homme masqué raconta à Adrienne tous les
incidens de l'épisode de Varennes avec cette sûreté
de mémoire et cette précision de détails qui ne per-
mettent pas le plus léger doute.

— Mais qui donc êtes-vous? reprit à la fin M. de
Varni, sortant à demi de son accablement.

— Vous le saurez tout-à-l'heure ; j'ai encore quelque chose à dire ; — Madame, continua-t-il, maintenant que nous sommes seuls, loin de tous les autres acteurs du drame de Varennes, et sous cette

voûte funèbre qui gardera bien tous nos secrets, je puis vous avouer qu'en effet votre mari n'était pas coupable. S'il a vu s'élever tout-à-coup contre lui de si accablantes apparences, c'est que, parmi les compagnons de M. de Varni, il y en avait un qui, en dénonçant à Drouet la fuite et l'identité du Roi, lui avait dit : « Pour prix de cette dénonciation qui va faire de vous un grand citoyen, je ne vous demande qu'une chose ; c'est d'affirmer que cette révélation vous vient d'un jeune homme à cheveux blonds et à moustaches brunes, que vous verrez à cheval près de la voiture du Roi.... » Drouet a tenu parole à Darnioli.

—Darnioli ! s'écria le vicomte en tressaillant : mon intendant ! mais, que lui avais-je donc fait ? Pourquoi cette combinaison digne de l'enfer ? Pourquoi cet épouvantable mensonge ?

— Parce que Darnioli s'appelait, il y a trente-six ans, Claude Rioux, dit l'inconnu en se démasquant.

Ce nom n'apprenait rien à Adrienne : elle regardait Claude avec un mélange de terreur et de surprise ; le vicomte écrasé semblait incapable de supporter plus long-temps cette horrible scène.

— Grâce ! dit-il d'une voix mourante, en se voilant le visage avec sa main ; si les morts sortent du tombeau pour me punir, qu'ils ne frappent que moi ; qu'ils épargnent les innocens !

— Monsieur le vicomte, reprit Claude, c'est à vous maintenant que je veux parler. Lorsqu'en arrivant à Hyères, au mois d'octobre 1756, quelques jours après la mort de madame Maria de Varni, on vous a dit que Julie, folle de douleur, s'était jetée dans la mer, et que son amant, échappé du bagne et sûr d'être repris, était mort avec elle, vous l'avez cru, n'est-ce pas ? et vous vous êtes dit : Voilà qui va bien ; mes secrets sont à jamais protégés par la plus fidèle des gardiennes, la mort ! Nul ne saura que, pour épouser mademoiselle Maria de Perne, je me suis fait faussaire et assassin ! Nul ne saura que, pour arriver à mon but, j'ai fabriqué des papiers constatant la mort de Gaston de Tervaz, le jeune homme aimé de Maria, et que pour l'empêcher, elle, d'apprendre que j'avais menti, j'ai fait égorger par mon garde Baptistin, dans les broutières du Rhône, ce matelot du *Lys*, ce Jean Peyrol que Gaston envoyait à sa maîtresse pour lui dire qu'il était encore vivant ! Nul ne saura que, deux ans plus tard, pour me venger de ce même Gaston à qui madame de Varni avait accordé un rendez-vous de quelques heures, j'ai profité d'une inondation du Rhône et combiné mon plan de vengeance de façon à ce que Maria fût forcée ou de se déshonorer, ou de laisser son amant périr, englouti par les eaux furieuses ! Nul ne saura qu'un pauvre batelier du Rhône, aimé de Julie, la compagne d'enfance de Maria, ayant, par ordre de ces deux femmes, essayé de sauver Gaston, j'ai fait arrêter ce batelier, ce Claude Rioux, comme un voleur, et l'ai fait condamner à cinq ans de galères, sans permettre à celle pour qui il s'était dévoué de dire un mot pour sa défense ! Nul ne saura que madame de Varni est morte, non pas d'une maladie de langueur, comme l'ont dit les médecins, mais consumée, en dix mois par le désespoir, par le remords, par la soif d'une vengeance impossible ! Grâce au ciel, tous ces secrets sont ensevelis dans la tombe : les témoins qui pourraient me trahir ont disparu ensemble de ce monde où je reste. Plus de Maria! plus de Claude! plus de Julie! je puis maintenant me reprendre à la vie, me délivrer de ces importunes images comme d'un mauvais rêve, me créer de nouveaux liens, des affections nouvelles, gages d'espérance, de bonheur et de paix !... » N'est-ce pas, monsieur le vicomte, voilà ce que vous vous êtes dit ?

M. de Varni, terrifié, se taisait; Adrienne contemplait Claude avec cet effroi qu'inspirent les visions surnaturelles.

— Eh bien ! reprit celui-ci en s'exaltant de plus en plus, vous vous êtes trompé ! Madame Maria de Varni avait eu, avant d'expirer, le temps de léguer sa vengeance à trois personnes : la première, c'était Dominique Ermel, le notaire en qui vous aviez confiance, et à qui Maria n'avait laissé sa fortune que sous la condition de s'attacher à vous comme un mauvais génie... La seconde, c'était Julie; ou si vous

aimez mieux, Monsieur le vicomte, c'était cette Sté-
phanie Durand, qui, entrée plus tard dans votre
maison en qualité d'institutrice, se trouvait à côté
de votre fille Clémentine le jour où cette enfant est
tombée dans le gouffre de Maleraygues.... La troisième, c'était le batelier du Rhône, c'était moi ; ni
Julie ni Claude n'étaient morts, et leur prétendu
suicide n'était qu'une fable imaginée pour vous maintenir dans votre dangereuse sécurité !

— Oh ! c'est horrible ! s'écria le vicomte pâle de
désespoir et d'angoisse.

— Oui, horrible comme vos crimes ; horrible
comme la mort de Gaston, comme l'agonie de Maria,
comme les souffrances de Claude !.... Horrible !....
car, vous comprenez maintenant ? Si Clémentine est
tombée dans le gouffre, sous les yeux de sa mère qui
n'a pas pu lui survivre, c'est qu'elle y était poussée
par Julie, obéissant à la voix redoutable de Maria !
Si Drouet a dénoncé Elzéar de Varni comme un traître
qui l'avait mis sur la trace des personnes royales,

c'est que Drouet obéissait à Claude, guidé lui-même par la voix inflexible de Maria!... Et ce n'est pas tout encore ; Maria n'a pas voulu que les châtimens s'arrêtassent à vous et à votre fils ! Elle a voulu qu'ils vous poursuivissent jusqu'à la troisième génération... et, ce matin même, Dominique a emmené Raymon, votre petit-fils, afin que cet enfant, à l'abri de nos tempêtes, puisse vivre et grandir pour la destinée de malheur à laquelle il est réservé !

Ce dernier coup fut le plus affreux pour le vicomte et pour Adrienne. En voyant ainsi reculer l'horizon de leur désespoir, en comprenant que, même après leur mort, il y aurait encore des malheurs sans bornes pour l'enfant qu'ils laissaient en ce monde, la fermeté dont ils s'étaient armés tomba tout-à-coup ; et Adrienne, si énergique et si fière, s'inclina, les mains jointes, devant Claude.

— Oui, Madame, dit alors celui-ci en s'adressant à elle et en lui montrant de la main M. de Varni ; toutes vos douleurs vous viennent de cet homme ! Ce sont ses crimes qui vous poursuivent, et qui,

dans vingt-cinq ans, poursuivront encore votre fils !
Si votre époux, au lieu de contribuer au salut du Roi
et de la Reine, les a vu arrêter sous ses yeux ; s'il a
entendu la voix d'un inconnu le dénoncer comme
traître, et s'il est mort, d'une mort infâme, frappé
par son père, c'est cet homme qui en est cause. Si
votre enfant, au lieu de vivre heureux et tranquille,
voit un jour des ennemis et des malheurs inexplica-
bles se dresser sous ses pas, c'est cet homme qui en
est cause .... Madame, maudissez-le !

Mais, pendant qu'il prononçait ces paroles,
Adrienne avait eu le temps de rassembler son courage. Il y eut un moment de silence, pendant lequel
elle regarda M. de Varni avec une indicible expression où le ressentiment s'effaçait peu à peu sous une
pieuse douleur ; puis, tout-à-coup, se jetant à genoux
devant lui :

— Mon père ! bénissez-moi ! dit-elle,

— O ma fille ! votre pardon me sauve devant Dieu !

répondit-il en lui pressant la main et en retrouvant enfin des larmes.

Cette scène avait poussé au plus haut degré l'exaltation de Claude. Ces révélations si long-temps retardées, le suprême assouvissement de sa vengeance, l'ivresse du carnage, ces tueries nocturnes, les cris des bourreaux, les plaintes des mourans, tout enflammait jusqu'au délire cette âme enfiévrée de haine. En entendant les paroles échangées entre le vicomte et Adrienne, il bondit comme un tigre blessé, et s'écria avec un frémissement de rage :

— Oh ! malheur à moi !... Elle lui pardonne !... Maria et Claude ne sont pas assez vengés... Les crimes de notre ennemi sont rachetés par les pleurs et le pardon de cet ange !... moi seul serai damné !...

Et, d'une main convulsive, saisissant M. de Varni, il le frappa de son poignard ; le vicomte resta debout, soutenu par Adrienne ; Claude alors s'élança vers elle : — Je vous remercie, lui dit-elle avec un sourire céleste ; en même temps, un flot de sang jaillit de son beau cou de cygne, sous le fer du misérable insensé.

Les deux victimes respiraient encore ; Claude les poussa vers le trou pratiqué dans le plancher, et les précipita dans ce gouffre béant où l'on n'avait pas cessé d'entendre des gémissemens et des râles d'agonie. Puis, se penchant sur ce soupirail de mort, et voyant M. de Varni et Adrienne faire encore quelques mouvemens :

— Vicomte ! cria-t-il avec un rire terrible, Vicomte, souvenez-vous de Jean Peyrol et de Claude... de Gaston de Tervaz et de Maria !... Madame ! c'est lui qui a tué Elzéar ; c'est lui qui vous tue ; c'est lui qui tuera votre fils... Ne lui pardonnez pas... maudissez-le !

Ces cris étaient entrecoupés par un tintement lugubre ; c'était la Cloche d'argent, Cloche pontificale qu'on ne mettait autrefois en branle que pour le sacre ou pour la mort d'un Pape, et que les assassins du 16 octobre avaient jugée seule digne de sonner l'heure de cette hécatombe.

— La Cloche d'argent ! dit Claude en se relevant ; elle a sonné leur agonie : à présent, qu'elle sonne la mienne ! ma tâche est finie ! les châtimens à venir sont légués à Jérôme ! Je n'ai plus rien à faire en ce monde : à moi maintenant !

Et il s'enfonça dans le cœur, au défaut des côtes, son stylet fumant encore du sang de M. de Varni et d'Adrienne ; il s'était placé au bord du trou, et, en se frappant, il s'élança dans le gouffre.

Il tomba à côté d'Adrienne et de M. de Varni, mêlés eux-mêmes à d'autres cadavres. Le vicomte était mort ; mais Adrienne donnait encore quelques signes de vie ; et, avant d'expirer, Claude put l'entendre murmurer d'une voix mourante :

— Mon Dieu, pardonnez à ceux qui tuent comme

à ceux qui meurent; et accueillez-moi, auprès d'Elzéar, dans votre miséricorde!

Quelques secondes après, le bourreau et la martyre confondaient leur dernier soupir.

TROISIÈME PARTIE.

———

Les récits de maître Calixte Ermel l'avaient conduit jusqu'au 7 octobre ; trois jours seulement le séparaient de l'heure où, libre enfin de tout engagement avec le passé , il pourrait braver la haine de
Simon d'Arrioules , et achever de tout révéler à
Charles de Varni que ces sombres histoires met-

taient déjà sur la voie. Le lecteur n'a peut-être pas oublié que Charles, pris au dépourvu par les soupçons de M. Denis Beaucanteuil, et incarcéré, par les soins de ce digne magistrat, dans l'ancien palais des papes, avait prié Calixte Ermel de jeter à la poste une lettre qu'il écrivait à Simon d'Arrioules et à la prétendue marquise Ottavia Belpérani, pour leur raconter sa mésaventure et leur demander de lui envoyer sans retard les pièces nécessaires à son élargissement. Le notaire avait gardé cette lettre dans sa poche jusqu'au moment où il fut sûr que la réponse ne pourrait arriver avant le 10; alors il se décida à la faire partir, et il y ajouta les lignes suivantes :

« Vous n'aviez pas prévu, Monsieur, qu'un hasard bien indépendant de ma volonté, ou plutôt résultant de vos propres combinaisons, mettrait momentanément M. Charles de Varni à l'abri de vos desseins hostiles. Votre domestique, croyant faire merveilles, l'a conduit à la mairie et l'a livré, comme voyageur suspect, à un adjoint plus zélé que spirituel, qui n'a rien trouvé de mieux que de le mettre en prison;

mes réclamations ont été impuissantes; je n'avais
moi-même aucune preuve de l'identité de M. de
Varni, que je n'avais pas revu depuis près de quinze
ans ; d'ailleurs, il n'entrait pas dans nos *conditions*
que je fusse forcé de fournir à votre victime les
moyens de sortir de prison pour courir plus vite à sa
perte.

» Dans quatre jours, nous atteindrons le 10 octobre, quatre-vingt-dixième anniversaire de la mort
de Maria, terme assigné par elle-même à la série
des malheurs de la famille de Varni. Je vous préviens
que, le 10 octobre, à minuit, je mettrai Charles au
courant de tout ce qu'il doit savoir, et que, par
conséquent, en cas d'une tentative ultérieure contre
sa sûreté ou son bonheur, vous le trouveriez armé
de toutes pièces. Je vous conseille donc de renoncer
à ce dernier triomphe, sans lequel, hélas! la vengeance de Maria n'aura été déjà que trop complète.
Oubliez ces haines héréditaires, ces projets sinistres,
ces noms, ces dates, ces images, ces fantômes qui
vont se perdre et disparaître dans la nuit du passé.
Dès ce moment nous serons les uns pour les autres

comme si nous n'existions plus, comme si nous n'avions jamais existé. Quant à votre belle compagne, Esther Goujon, elle se consolera bien vite de l'abandon de son vicomte : elle est femme, j'en suis sûr, à se rattraper sur un duc ou tout au moins sur un marquis.

» J'ai l'honneur d'être, Monsieur, avec l'espérance de ne plus vous revoir en ce monde, etc., etc.

» CALIXTE ERMEL. »

Le notaire jeta ces lettres à la poste. Il eut soin d'éviter, pour quelques jours encore, les questions du perplexe Beaucanteuil. Puis, à la nuit tombante, il retourna auprès de Charles de Varni, dont les émotions, pendant la lecture de ces Mémoires, devenaient de plus en plus vives, et il continua son récit en ces termes :

LES DEUX ENVELOPPES.

I.

Nous allons franchir encore, Monsieur le vicomte, un long espace de temps ; vingt-deux ans se sont écoulés depuis la mort de M. de Varni et de madame Elzéar, sa belle-fille ; nous voici en 1813.

Plusieurs changemens s'étaient accomplis, dans cet intervalle, parmi les personnages que vous avez vu figurer dans cette histoire, et qui avaient survécu aux sanglantes catastrophes de nos derniers chapitres. Quelle est la famille, si protégée qu'elle soit par la bonté de Dieu, sur laquelle vingt-deux ans puissent passer sans y marquer des vides?

Antoinette Ermel, ma grand'mère, était morte en 1805, après une vieillesse aussi douce et aussi sereine que sa vie; elle s'était endormie, un soir de mai, entre les bras de Dominique, d'Agricol et d'Adeline, ses regards fixés sur un crucifix, et assistée par le curé de sa paroisse, qui affirmait, les larmes aux yeux, n'avoir jamais trouvé dans cette âme d'élite la plus légère souillure. Ainsi, le vœu le plus cher de Dominique s'était réalisé jusqu'à la fin. Sa bien-aimée Antoinette avait pu vivre, vieillir et mourir, sans se douter qu'un drame terrible dans lequel elle avait un enjeu, s'était noué, agité et dénoué à ses côtés.

Adeline, ma mère, la suivit de près dans le tombeau; d'une santé moins forte qu'Antoinette, elle n'avait pu traverser, sans de violentes secousses, les angoisses et les crises révolutionnaires. Son père avait été massacré à la suite des journées d'octobre ; et, quoique le solitaire château de Maleraygues, caché au milieu des montagnes et des bois, l'eût protégée, elle et les siens, contre tout péril immédiat, les fatales nouvelles qui lui arrivaient d'Avignon, le meurtre de son père, la mort tragique de M. de Varni et d'Adrienne qu'elle aimait, les bruits lugubres que l'effroi et la distance exagéraient encore, tout cela avait laissé dans l'esprit de ma mère, bien jeune à cette époque, une impression mélancolique et profonde qui devait abréger sa vie. Il en est des révolutions comme des maladies épidémiques : ceux mêmes qui leur échappent conservent long-temps je ne sais quelle disposition maladive ; ils sont marqués comme d'un sceau funèbre.

On comprend tout ce que la mort d'Adeline, arrivant quelques années après celle d'Antoinette, jeta de tristesse sous notre toit. Fille ou sœur, épouse ou mère, la femme est la joie du foyer domestique, le lien aimable et sacré de la famille. Avez-vous jamais remarqué tout ce qu'il y a de vide, d'inquiet et de décousu dans les maisons auxquelles la mort a enlevé ces douces compagnes de nos bons et de nos mauvais jours? Chacun y semble affairé sans motifs, ou oisif sans calme : on ne s'y retrouve plus par attrait, mais par habitude ; au repas du soir, à la causerie du coin du feu, au retour des courses lointaines, rien ne saurait remplacer cette chaste et douce figure, toujours prête à sourire à notre gaîté, à essuyer nos sueurs ou à tarir nos larmes... Ah ! celui-là est déshérité de Dieu, qui, au milieu des mécomptes et des orages de la vie, n'a pas auprès de soi ce regard attentif, ces lèvres affectueuses, ce pur visage, penché entre lui et le ciel, pour n'en réfléter que l'azur et ne lui en dérober que les ombres !

Accablé par la mort de sa femme et de sa belle-fille, Dominique s'étonnait que Dieu le laissât si long-temps en ce monde. En 1813, époque où nous conduit notre récit, il avait atteint les limites ordinaires de la vieillesse ; et cependant son intelligence conservait toute sa lucidité. Quelques mois auparavant, il avait reçu une lettre de Jérôme d'Arrioules, le fils de Claude Rioux. Jérôme, établi à Baveno où il s'était marié et avait eu un fils, rappelait à mon grand-père ses engagemens, et le sommait de renouer la chaîne interrompue et de m'initier à l'horrible mission que j'aurais à remplir après lui. Je n'avais alors que vingt-cinq ans ; mais Dominique, qui, comme tous les hommes mêlés à de grands évènemens, en avait gardé une sorte de mystérieux prestige, exerçait sur moi un ascendant dont il avait profité pour cultiver mon esprit, me rendre sérieux avant l'âge, et m'accoutumer à l'idée de lui succéder presque immédiatement dans son Etude. Agricol, à qui la mort d'Adeline avait inspiré un vif dégoût des affaires et un amour croissant de la solitude, s'était entendu avec son père pour que l'étude passât entre mes mains dès que j'aurais atteint ma trentième année. Rien ne s'opposait donc à l'accomplissement du dernier pacte de Dominique avec Claude ; et le vindicatif génie de Maria pouvait passer de mon grand-père à moi, en se contentant d'effleurer de l'aile le front paisible d'Agricol Ermel.

Vous me croirez facilement, Monsieur le vicomte, quand je vous dirai que, parmi les souvenirs de ma

vie triste et solitaire, aucun ne m'a laissé de trace
plus profonde que celui du jour où Dominique, alors
âgé de plus de quatre-vingts ans, me fit venir dans
son cabinet, attenant à l'Etude où je travaillais en
qualité de second clerc, et, d'une voix tremblante
d'émotion, me révéla l'affreux secret qui avait pesé
sur sa vie entière, et qu'il était forcé de me léguer.
Si j'eusse été moins accoutumé à regarder mon
grand-père comme un modèle de sagesse et de raison, s'il ne m'eût pas raconté cette fatale histoire
avec ces couleurs vraies, vivantes, avec cet accent
de conviction et de terreur que la fiction n'imite pas,
j'aurais cru que son grand âge le faisait déjà voyager
dans le pays des visions, et que les ombres d'une
mort prochaine obscurcissaient cette intelligence.
Mais bientôt il ne me fut plus possible de douter, et
alors commença pour moi un cruel supplice, tem-
péré seulement par l'idée que cette hérédité funeste
avait du moins épargné mon père, et qu'en me vouant
à cette horrible tâche, je contribuais à le racheter. Le
portrait de Maria de Varni était toujours resté dans ce
cabinet, voilé par un grand rideau de soie noire. Dominique tira ce rideau, et me fit voir cette belle et

implacable figure dont l'ardent regard semblait sceller dans mon âme le pacte auquel j'allais me soumettre. En face de ce portrait, qui ravivait pour lui toutes les images du passé, Dominique, esclave de sa parole, reconnaissant d'ailleurs envers Claude, qui avait consenti à laisser mon père étranger à cette complicité posthume, exigea de moi le serment que je n'entraverais jamais, qu'au besoin même je seconderais les tentatives de Jérôme contre le bonheur de Raymon de Varni. Le récit de Dominique Ermel m'avait jeté dans un trouble indicible. Egaré par ces fantômes que je voyais tout-à-coup surgir sous mes pas, perdant, aux accens de cette voix vénérée, les notions du juste et de l'injuste, du bien et du mal, emporté vers cette œuvre redoutable comme ces orphelins qui, apprenant subitement que leur père est mort victime d'une idée ou d'un crime, sentent passer dans leur cœur quelque chose de ce crime ou de cette idée, je laissai tomber ma main dans la main de mon grand-père, et je prêtai ce serment.

A peine eus-je donné à Dominique Ermel cette preuve d'obéissance, que ma pensée se porta douloureusément sur l'homme qu'allaient entourer, à son insu, ces inimitiés et ces périls.

Raymon de Varni avait alors vingt-six ans ; il était mon aîné d'un an à peine, et cette légère différence s'était tout-à-fait effacée à mesure que nous avions grandi. Depuis l'âge de cinq ans, époque des derniers malheurs de sa famille, il avait été élevé à Maleraygues, où nous avions partagé les mêmes études et les mêmes jeux. Nous courions ensemble dans les bois de châtaigniers qui entourent cette habitation sauvage ; et lorsque le vent du nord, passant à travers les arbres, en tirait de sourds murmures, je voyais Raymon s'arrêter tout rêveur, et me demander si je n'aimais pas ces bruits qui ressemblaient à la voix des nuages ou des trépassés. Cette tendance à la rêverie se développa avec l'âge, et bientôt un observateur attentif eût pu reconnaître chez Raymon une de ces organisations de poète, à la fois si exquises et si périlleuses. Singulière destinée de cette génération, éclose ou grandie au milieu des tragédies de la révolution ou des poèmes de l'Empire, que les douleurs violentes et les immenses émotions des pères s'y soient continuées, chez les fils, en rêverie confuse, en vague tristesse, en amour de l'infini et de l'inconnu ; à peu près comme ces explosions terribles qui, de près, épouvantent ou foudroient, et qui, à distance, se perdent, comme une voix de plus, dans les voix innombrables de la nature et de la solitude ! C'est des échafauds de 93 et des champs de bataille de Bonaparte qu'a découlé ce flot de mélancolie inquiète, inassouvie, Meschacébé européen dont Châteaubriand respirait déjà les brises lointaines, quand il errait sur les bords du fleuve américain.

Lorsque Raymon eut vingt ans, il se sentit entraîné vers la carrière des armes; mais, par une prévision infernale, ne voulant pas qu'une mort glorieuse vînt enlever ce jeune homme à sa destinée funeste et le faire tomber, sans héritiers de son nom et de ses malheurs, dans une de ces journées sublimes dont l'Empereur étoilait alors notre histoire, Jérôme, vers cette époque, avait écrit à Dominique Ermel une première lettre où il lui ordonnait de ne rien négliger pour détourner Raymon de cette vocation, s'il la voyait poindre dans son esprit. Domini-

que alors eut l'idée de dire à Raymon que ses parens, avant de mourir, avaient expressément recom-
mandé que leur fils ne servît jamais que ses Rois lé-
gitimes. Ces prohibitions exclusives n'étaient point
rares alors dans les familles décimées par la révolu
tion. Les plaies étaient si récentes encore, les ressentimens si profonds, les douleurs si vives, que ces
yeux, obscurcis par les larmes, n'apercevaient plus
l'immortelle image de la patrie demandant à tous ses
enfans de la protéger contre les périls du dehors et
les passions du dedans.

Raymon de Varni s'inclina devant ce vœu suprême,
que rendaient encore plus sacré les événemens tra-
giques qui avaient entouré la mort de ses parens.
Plus susceptible d'enthousiasme que de persévérance,
plus prêt à s'enflammer pour un idéal fugitif qu'à s'attacher à un plan arrêté, il lui fut moins difficile qu'à
un autre de renoncer à la réalisation de ses premiers
rêves. Il en chercha l'oubli dans des lectures, des
voyages, dans un assez long séjour à Paris, où il es-
pérait assouvir ou amuser les inquiétudes de son
imagination et de son cœur.

Au commencement de 1813, Raymon revint de Paris où il avait passé plus d'un an. Il était triste, mécontent, agité; je remarquai en lui des alternatives d'abattement et d'ardeur, d'entraînement fébrile et de maladive apathie, qui m'eussent frappé davantage si je n'eusse pas été encore trop jeune pour bien connaître les crises et les maladies de l'âme. Tantôt il se plaignait de son inutilité, de son inaction, de l'uniformité glaciale et morne de l'existence de province; tantôt il déclamait contre les mécomptes du monde, contre la folie de ceux qui recherchent des émotions et des joies inconnues au vulgaire, qui croient pouvoir mettre dans leur vie quelque chose de cet infini dont le sentiment les tourmente, et dont le contraste avec les petitesses et les vulgarités d'ici-bas, est une leçon douloureuse et sublime donnée par Dieu pour nous ramener à lui. Mon grand-père l'observait avec attention, l'écoutait sans mot dire, et chacun de ses entretiens avec Raymon le laissait plus pensif et plus préoccupé.

Ce fut à cette époque que Dominique Ermel me révéla le secret terrible qu'il avait à me léguer, le testament de Maria, et le lien funeste, la tâche maudite qui devait me faire intervenir dans la vie de Raymon.

Ce fut aussi vers ce même temps que mon grand-père reçut la seconde lettre de Jérôme, qui lui rappelait son dernier engagement avec Claude et l'avertissait qu'il était temps d'agir.

Depuis ce moment, j'étais devenu le secrétaire intime de maître Dominique, qui, malgré son grand âge, était toujours à la tête de son Étude, et laissait mon père s'abandonner à son goût pour la vie des champs. Un matin, mon grand-père me fit appeler avant l'heure habituelle ; il paraissait en proie à une vive agitation; sa main tremblait en remuant les papiers épars sur son bureau ; son visage, sillonné de rides, rougissait et pâlissait tour à tour; un éclair de vie ou de fièvre brillait dans son regard amorti par l'âge; il me présenta deux lettres qu'il venait de recevoir. Voici le contenu de la première :

« Alais, 4 novembre 1813.

» Monsieur et digne ami,

» Si la démarche que je fais auprès de vous, vous
semble une indiscrétion, ne vous en prenez qu'à votre
extrême obligeance , et surtout à votre réputation
octogénaire de sagesse, d'intelligence et de vertu ;
vous n'êtes pas seulement le Nestor du notariat, vous
en êtes aussi l'Aristide ; et Aristide ne peut pas se fâcher qu'on demande un service à un homme obli-
geant, et un conseil à un homme sage ; Aristide est
trop juste pour cela !

» J'arrive au fait, Monsieur et digne ami. J'ai une
fille unique qui touche à sa vingtième année ; voici
sept ans que j'ai eu le malheur de perdre ma femme;
ma chère Clotilde avait alors douze ans ; et, comme
elle restait mon seul bien en ce monde , je m'accuse
d'avoir été pour elle d'une indulgence qu'en bon
français on pourrait appeler faiblesse. Clotilde a fait

toutes ses volontés, et sa volonté a été de devenir
une charmante jeune personne, très spirituelle, un
peu lettrée, bonne musicienne, dessinant à merveille.
Je n'ai pu, malgré mon autorité paternelle, l'empêcher de lire madame de Staël, les *Martyrs*, *Atala*,
René, et tous ces livres nouveaux dont les héros sont
plus attrayans que raisonnables. Aussi ma Clotilde
est–elle devenue une belle rêveuse, plus préoccupée
des chimères que des réalités de la vie; vous comprenez que ces tendances-là sont un peu embarras-
santes dans un humble chef–lieu de département.
Voilà pourquoi, Monsieur et digne ami, je viens vous
prier de venir à mon aide.

» Je veux marier ma fille, et il n'y pas ici de
parti pour elle; les jeunes gens dont la fortune et la
position pourraient me convenir, sont en général des
fils de propriétaires des environs, grands chasseurs,
bons convives, doués de qualités estimables, mais
dépourvus de ces poétiques dehors, de cette culture
intellectuelle, de ces raffinemens d'imagination et
d'esprit, sans lesquels le mari de Clotilde la rendrait
malheureuse et serait lui-même malheureux. Veuil-

lez donc me chercher à Avignon ce romanesque prétendu, digne de plaire à cette âme romanesque. Avec un homme qui saura la *comprendre* (c'est un mot inventé par ces demoiselles), Clotilde sera vraiment une femme charmante ; avec un mari vulgaire, incapable de lui donner la réplique, elle souffrirait horriblement, et je ne voudrais pas répondre des suites.

» Telle est la situation ; je sais que vous avez à Avignon plusieurs jeunes gens riches, appartenant à des familles distinguées et ayant reçu une éducation brillante. Dans le nombre, il en est sans doute au moins un qui pourra devenir pour ma fille ce Saint-Preux orthodoxe, cet Oswald officiel, ce Werther autorisé par le curé et par le maire, qui est en ce moment l'objet de sa vague et sentimentale rêverie. Trouvez-le, choisissez-le, mettez-moi en relation avec lui, et vous ferez du plus perplexe des pères le plus reconnaissant des hommes.

» Agréez, Monsieur et digne ami, avec l'expression de ma reconnaissance et de mes excuses, celle de ma haute et parfaite considération.

» Le comte DE VERDEILLES. »

Après avoir lu cette première lettre, je regardai fixement Dominique Ermel, qui détourna les yeux, comme s'il avait craint de trahir trop tôt sa pensée; il me tendit la seconde lettre, conçue à peu près en ces termes :

Malaucène, 4 novembre 1813.

« Mon cher monsieur Ermel,

» Un notaire tel que vous doit être la providence des pères de famille. L'étendue de vos relations, l'ancienneté de votre Etude, l'extrême confiance que vous inspirez à cinquante lieues à la ronde, tout fait de vous un homme inappréciable pour ces négociations délicates dont le succès dépend de l'expérience et de la sagesse du négociateur. Voici donc le service que j'attends de vous. J'ai une fille à marier,

et je ne vois ici personne qui puisse lui convenir :
ma fille a dix-neuf ans; elle s'appelle Delphine ; elle
est belle, elle sera riche : voilà pour le public. Mais
à vous, mon cher monsieur Ermel, je dois dire
quelle est surtout la pensée qui me préoccupe. Ma
fille a été élevée très simplement; sans être ni sotte,
ni niaise, elle n'a aucune de ces qualités brillantes,
aucun de ces talens *d'agrément* que l'on rapporte de
nos pensionnats à la mode. Delphine a presque toujours vécu à la campagne; elle s'entend aux affaires
de ménage autant et mieux que la femme du vicaire de
Wakefield. L'éducation des canards, des pintades et
des poulets n'a point de secrets pour elle ; tout le
linge de la maison a passé par ses mains, et elle est
pour ma cuisinière ce que l'Empereur est pour ses
maréchaux : elle lui apprend à gagner des batailles.
Mais en fait de littérature, elle ne connaît guère que
la *Journée du Chrétien,* et les *Essais de Nicolle*
qu'elle me lit le dimanche soir et qui nous endorment
un peu tous les deux; elle ne saurait pas dessiner
une oreille, et toute sa science musicale consiste à
jouer *Malborough* sur l'épinette de ma grand'mère,
qui n'a pas été accordée depuis Rameau.

» De tout cela, mon cher monsieur Ermel, vous sera facile de conclure que ma fille serait très malheureuse avec un *mirliflor*, un élégant, un rêveur qui, accoutumé aux plaisirs et aux séductions du monde, demanderait à Delphine autre chose que les qualités d'une bonne femme et d'une bonne mère de famille. Il lui faut un jeune homme simple et bon comme elle, doué d'assez de sens commun pour ne pas chercher le bonheur dans les chimères de roman, et dépourvu de ce *superflu* d'imagination et d'esprit qui n'est trop souvent en ménage qu'un embarras et un danger. Vous voyez d'ici, n'est-ce pas? le gendre que je désire.... Un propriétaire bien rond, bien franc (franc d'hypothèques surtout), qui connaisse à fond le jour et l'heure où il doit semer son blé ou couper son foin, et qui, le soir, en revenant d'inspecter ses ouvriers ou de présider à ses récoltes, soit heureux de retrouver chez lui un frais visage, un bon souper, et quelques gros marmots se roulant et se barbouillant à qui mieux mieux. C'est là le gendre que je vous prie de me désigner, et que je voudrais tenir de votre main. Je sais que vous avez à Avignon plusieurs jeunes gens à marier, et dont la fortune

pourrait me convenir. Choisissez-moi celui qui res-
semblera le plus au portrait que je viens d'esquisser ;
mettez-moi en communication avec lui, et, si nous
avons la main heureuse, je mourrai tranquille sur
l'avenir de ma chère Delphine.

» Je suis, mon cher monsieur Ermel, votre bien
affectionné,

« Le comte DE MALAUCÈNE. »

Après m'avoir fait lire ces deux lettres, mon grand-
père resta un moment silencieux ; puis, comme s'il
surmontait une émotion douloureuse, il me dit doucement :

— Calixte, mettez-vous là, et répondez au comte
de Verdeilles et au comte de Malaucène ce que je vais
vous dicter. Voici la première réponse :

« Monsieur le comte,

» J'ai lu avec attention la lettre que vous m'avez

fait l'honneur de m'écrire, en date du 4 novembre courant. D'après ce que vous voulez bien me dire du caractère, de l'éducation et des goûts de mademoiselle votre fille, je crois que, parmi les jeunes gens de notre ville, aucun ne lui convient mieux que M. le vicomte Raymon de Varni. Sa fortune et sa naissance en font un des meilleurs partis de ce pays-ci, et il réunit, ce me semble, toutes les qualités qui peuvent assurer le bonheur de votre aimable fille.

» Agréez, Monsieur le comte, etc., etc. »

Je me disposais à plier cette lettre, et à écrire sur l'enveloppe le nom de M. le comte de Verdeilles; car je ne doutais pas que cette réponse ne fût pour lui, et qu'aux yeux de mon grand-père Raymon de Varni ne fût le mari qui convenait à la brillante Clotilde; mais maître Dominique m'arrêta d'un geste, et me dit avec une émotion croissante : — Non, Calixte, avant de mettre l'adresse et de fermer l'enveloppe, écrivez la seconde réponse; la voici :

« Monsieur le comte,

» Vous ne pouvez douter du prix que j'attache à justifier votre honorable confiance , et à seconder vos vues, dans l'importante affaire qui vous occupe. Je me suis guidé d'après les renseignemens que vous voulez bien me donner, dans votre lettre en date du 4 novembre courant ; et, après avoir mûrement pesé ce que vous me faites l'honneur de me dire du caractère, de l'éducation et des goûts de mademoiselle votre fille, j'ai pensé que, de tous nos jeunes gens , celui qui lui convient le mieux est M. Joseph de Bermancey. Aux avantages de la fortune et de la naissance, il réunit les qualités et les habitudes que vous désirez chez votre gendre , et j'espère que ce choix sera de nature à calmer vos préoccupations paternelles.

» Agréez, Monsieur le comte, etc., etc. »

Je connaissais M. Joseph de Bermancey, C'était un bon jeune homme, plein de loyauté et de droiture , vivant habituellement à la campagne, aimant peu le monde, et pratiquant, avec une simplicité paisible, le positif de la vie, Il me semblait évident que c'était là le mari choisi par mon grand-père pour mademoiselle Delphine de Malaucène; et, encore une fois, j'allais prendre une enveloppe et écrire l'adresse, lorsque Dominique Ermel m'arrêta de nouveau, et me regarda d'un air sombre, comme tourmenté d'une idée fatale qu'il hésitait à me communiquer.

— Vous pouvez toujours, me dit-il d'une voix étouffée, écrire les deux adresses sur les deux enveloppes.

J'écrivis : « A M. le comte de Verdeilles, à Alais. — A M. le comte de Malaucène, à Malaucène. »

— Bien, reprit mon grand-père; maintenant, avant de plier les réponses dans les enveloppes et de cacheter, relisez-les.

Je les relus; et, guidé par une sorte de pressentiment sinistre que m'inspirait le regard et l'agitation de maître Dominique, je remarquai alors que les deux lettres, ne renfermant aucun nom propre, aucune qualification particulière, pouvaient également servir de réponse à M. de Verdeilles ou à M, de Malaucène; il ne s'agissait que de se tromper d'enveloppe.

Mon grand-père me laissa un moment réfléchir; puis, s'inclinant vers mon oreille, il me dit rapidement et à voix basse :

— Calixte, m'avez-vous compris?

Je fis un signe affirmatif; maître Dominique sortit de son cabinet sans ajouter un seul mot; quelques minutes après, les deux réponses partaient pour leur destination respective ; seulement, celle qui était adressée à M. de Verdeilles portait pour suscription : « A M. le comte de Malaucène », et celle qui était écrite à M. de Malaucène portait pour suscription : « A M. le comte de Verdeilles. »

A dater de cet instant, la santé de mon grand-
père déclina rapidement. Par un bizarre caprice,
assez commun du reste chez les malades et les mourans, il ne voulait être soigné que par moi, et sa figure se contractait dès qu'Agricol, son fils bien-
aimé, entrait dans sa chambre. Comme j'étais l'héritier, le successeur immédiat de ce pacte funeste
qui avait empoisonné sa vie, si douce d'ailleurs et si
pure, on eût dit que le pauvre octogénaire, crai-
gnant de laisser échapper, dans le délire de la fièvre
ou les visions de l'agonie, quelque parole applicable
à notre secret, voulait écarter son fils, pour que
rien de ce qu'il devait ignorer toujours ne pût,
même à travers les voiles de la mort, parvenir jusqu'à
son oreille. Lorsqu'il se sentit plus mal, mon grand-
père eut la fantaisie d'être transporté dans le cabinet
attenant à son Étude, celui où il m'avait révélé le
testament de Maria, et où se trouvait le portrait de
cette malheureuse femme. De temps en temps il me
priait de tirer le rideau qui couvrait cette funèbre
image, et il fixait sur elle un long regard empreint
d'une expression de tendre et douloureux repro-
che.

Le 6 décembre, l'agonie commença, et le médecin me dit que Dominique ne passerait pas la journée. Le malade ne pouvait plus parler ; mais son intelligence conservait toute sa netteté, et chacune de
ses impressions passait, comme un rapide nuage, sur
sa figure parcheminée où la blancheur du crâne et
du front faisait ressortir la teinte livide des joues et
des lèvres : par intervalles, j'approchais de ses tempes un linge humide ; mon père priait près du lit.
Le silence n'était troublé que par le clapotement des
cafetières où bouillaient des potions, hélas ! inutiles,
et par la bise d'hiver qui s'engouffrait dans la cheminée.

Le matin, j'avais déposé, comme d'habitude, sur
un guéridon placé près du chevet de mon grand-
père, le paquet de lettres qui lui étaient adressées.
Dans le nombre, il s'en trouvait deux dont la dimen-
sion dépassait de beaucoup celle des autres, et qui
étaient évidemment des billets de faire part. Soit
mouvement machinal, soit pressentiment, soit plutôt
cette obstination familière aux vieillards qui veulent
jusqu'au dernier moment faire ce qu'ils ont fait la

veille, mon grand-père prit ces deux lettres ; il eut
la force de les ouvrir et de jeter les yeux sur le contenu. Alors un sourd gémissement s'échappa de sa
poitrine ; une légère rougeur courut sur ses joues ; de
son regard mourant il me montra le portrait de Maria de Varni ; ses lèvres marmottèrent quelques syllabes dont je ne pus démêler le sens, et un instant
après, s'affaissant sur l'oreiller, il expira.

Les deux lettres, tout ouvertes, étaient tombées
sur le plancher : je les ramassai ; c'était, en effet,
deux billets de faire part. Voici ce que renfermait le
premier :

« Monsieur le comte de Verdeilles a l'honneur de
vous faire part du mariage de mademoiselle Clotilde
de Verdeilles, sa fille, avec monsieur Joseph de Bermancey. »

Voici ce que contenait le second :

« Monsieur le comte de Malaucène a l'honneur de

vous faire part du mariage de mademoiselle Delphine de Malaucène, sa fille, avec monsieur le vicomte Raymon de Varni (1). »

(1) Les suites du mariage de Joseph de Bermancey avec Clotilde de Verdeilles, étant tout-à-fait étrangères aux malheurs de la famille de Varni, et ne pouvant, par conséquent, qu'entraver la marche des *Mémoires* du notaire, l'auteur en fera le sujet d'une Nouvelle intitulée : *Françoise*, qui paraîtra séparément.

IDYLLE.

II.

Vous vous étonnez sans doute, Monsieur le vicomte, qu'un simple renseignement donné par un
notaire eût suffi pour amener le mariage de Clotilde
de Verdeilles avec Joseph de Bermancey, et celui de
Delphine de Malaucène avec Raymond de Varni. Vous
allez me demander comment les premiers préliminaires qui s'établirent entre les principaux intéressés,
ne firent pas bien vite comprendre à monsieur de
Malaucène que Raymond ne convenait pas à la modeste Delphine, à monsieur de Verdeilles que Joseph

ne réalisait en rien l'idéal rêvé par la romanesque
Clotilde, à Raymon et à Clotilde enfin, que ni Delphine ni Joseph ne sauraient les comprendre et les
rendre heureux. Je pourrais vous répondre, avec le
poète le plus sage du plus sage des siècles, que le
vrai n'est pas toujours vraisemblable, et le notariat,
quoique fort différent de l'art poétique, se trouverait
ici d'accord avec l'axiome de Boileau. Mais je n'ai
pas même besoin, en cette occasion, de demander
grâce pour une invraisemblance. Qui ne connaît ces
contradictions singulières du cœur humain, toujours porté à s'élancer vers l'inconnu, à demander à
la vie autre chose que ce qu'il trouve en soi, à s'é-
prendre de ce qui désoriente ses sentimens et déplace
ses aperçus, à se laisser attirer par les contrastes et
les disparates, plutôt que par les analogies et les res-
semblances ? A l'époque même où il fut question de
ces mariages, Raymon de Varni, grâce à ces alternatives fréquentes chez les esprits poétiques, se
croyait pour jamais guéri de ses aspirations idéales ;
il se proclamait converti au positif de l'existence.
Comme les marins qui, au retour d'une traversée as-
sombrie par des écueils, des tempêtes et des nau-

frages, font le serment de ne plus quitter la terre
ferme, les imaginations ardentes, après chaque crise
et chaque mécompte, se figurent volontiers qu'elles
n'aspirent qu'au repos, qu'elles en ont fini avec le
roman, et qu'elles mettent pour jamais les scellés sur
leurs aventureuses rêveries. Promptes à exagérer,
comme tout ce qui est factice et doit n'avoir qu'un
temps, elles trouvent alors un plaisir bizarre à se
faire simples, positives, prosaïques, amies du coin
du feu et du terre-à-terre, comme ces princes qui,
trouvant trop lourds leurs manteaux de pourpre, aimaient à se déguiser en pâtres. C'est dans cette disposition qu'était en ce moment Raymon de Varni.
Sa conduite, son langage auprès de monsieur de Malaucène et de sa fille, se ressentirent de cet *accès de
prose*, et ceux-ci étaient trop peu observateurs pour
démêler le feu mal éteint qui couvait sous cette cen-
dre. Grâce à cette souplesse qui est le charme et le
péril des caractères dont je parle, Raymon, qui trouva Delphine très belle et qui se passionna pour ce
type de simplicité virginale, pour ce parfum de vie
champêtre et de foyer domestique, fit merveilles chez
son futur beau-père. Il écouta avec une attention

exemplaire l'histoire de la dernière gelée blanche qui
avait rôti tous les mûriers, fit, sans sourciller, le
boston du soir, et gagna le cœur de Delphine en sa-
vourant ses confitures. Pendant ce temps, les mêmes
contrastes rapprochaient, au lieu de les éloigner, Joseph de Bermancey et Clotilde de Verdeilles. Joseph
fut fasciné par les talens et les qualités brillantes de
Clotilde qui, le croyant spirituel et poétique, se mit
en frais de coquetteries. S'il manquait de distinction
d'esprit et de vivacité d'imagination, il était du moins
exempt de cette vulgarité grossière qui rend insensible à ces dons chez les autres. Habitué à une vie
chaste et sage, n'ayant jamais vu que des paysannes
ou d'humbles provinciales, il tressaillit d'une émotion
étrange, mais délicieuse, en se voyant l'objet des at-
tentions d'une jeune personne rayonnante de beauté,
d'élégance et d'éclat. Clotilde se crut comprise, parce
qu'elle se sentit admirée. En outre, elle ne résista
pas à cet entraînement qui pourrait servir à expliquer
bien des unions mal assorties, et que les femmes su-
périeures avoueraient plus souvent si elles étaient
plus souvent sincères : elle fut tentée par cet espoir de
domination qu'elle conçut en voyant Joseph. L'écueil

et le ridicule des femmes qui ont trop réfléchi ou trop rêvé, est de croire que la société se trompe en condamnant leur sexe à une sorte d'infériorité qui n'est presque toujours qu'officielle. Epouser un homme médiocre pour le dominer, pour être reines, pour *réhabiliter*, en leur personne, leur sexe opprimé, c'est là une occasion de revanche qui leur plaît et qu'elles saisissent. Plus tard, lorsqu'elles ont pratiqué la vie, lorsqu'elles reconnaissent à quel prix cet empire s'achète, lorsqu'elles tendent aux brises de l'idéal leur front las de vulgarité, elles *aspirent à descendre*; elles voudraient être asservies, pourvu qu'elles sentissent leur cœur avide battre contre un cœur digne d'elles ; juste châtiment de leur ambition orgueilleuse, auquel elles échappent par des fautes plus funestes encore ! Première étape des femmes *incomprises* sur ce chemin des déceptions et des aventures, qui commence par la poésie et finit souvent par l'opprobre !

Quoi qu'il en soit. les deux mariages eurent lieu ; je ne vous dirai rien des suites de celui de Joseph de Bermancey avec Clotilde de Verdeilles. Ce récit

ne ferait qu'entraver mes Mémoires, en me détour-
nant de l'histoire de la famille de Varni. Plus tard,
si Dieu m'accorde un peu de repos, l'union de Joseph et de Clotilde pourra me fournir un de ces épisodes qui, sous la plume du ravissant auteur de *Ma-
rianna* et de *Fernand*, unissent à l'utilité d'une leçon morale le charme d'une création poétique.

Sept ans s'écoulèrent, et, pendant ce laps de
temps, je vis très peu Raymon de Varni, qui continuait cependant de confier à notre Etude la gestion
de ses biens; il commença par habiter Maleraygues;
ensuite j'appris qu'il était allé à Paris avec sa femme;
quelques mois après son retour, il m'écrivit que madame Raymond de Varni venait de lui donner un
fils.... Monsieur le vicomte, ce fils fut appelé Charles : c'était vous. Depuis ce moment, Raymon n'a-
vait plus quitté Maleraygues.

J'avais accompli ma trentième année. Fidèle à
mes engagemens avec mon grand-père, je me mis à
la tête de l'Etude; mon père, d'ailleurs, infirme et
cassé avant l'âge, miné par les regrets que lui avait

laissés sa bien-aimée Adeline, attendait avec impatience l'heure de la retraite et du repos. Une fois
installé, je vis que j'avais de graves et nombreux intérêts à débrouiller avec M. de Varni. Cette gestion
si longue, si compliquée, cette responsabilité agran-
die encore par une confiance sans bornes, exigeaient,
à mon avènement, un règlement général de comptes.
J'éprouvais d'ailleurs une curiosité irrésistible, mêlée d'inquiétude et de remords, chaque fois que je
pensais au ménage de Raymon et à la bizarre super-
cherie qui lui avait fait épouser une personne à laquelle il n'était pas destiné. Comment avait tourné
cette union formée sous de si singuliers auspices?
Contre toute apparence, Raymon y avait-il trouvé le
bonheur? Etait-il agité ou calme, révolté ou résigné?
Voilà ce que je désirais ardemment savoir, moi qui,
depuis l'épisode des enveloppes, n'avais plus rien
su de l'existence de ces deux êtres dont la destinée
se rattachait à la mienne par un fatal et mystérieux
lien. Un beau matin donc, je laissai à mon premier
clerc la direction suprême de mon Etude; j'annon-
çai à ma vieille servante, immobile d'étonnement,
quelques jours d'absence ; puis, sans attendre une

invitation que rendaient inutiles mes vieilles relations avec la famille de Varni et les comptes détaillés
que j'avais à soumettre à Raymon, je partis pour
Maleraygues.

On était à la fin de septembre 1820. L'automne
commençait à répandre sur la campagne les trésors
de sa riche palette. Pour un homme accoutumé,
comme moi, à une vie sédentaire, à de monotones
travaux entre les quatre murs d'une Etude, sans autre perspective que celle des buis et des arbustes de
mon petit jardin, c'était un bonheur de pouvoir promener librement mes regards sur le paysage, et respirer d'autres parfums que ceux de mes poudreux
parchemins. Aussi, dès que j'eus mis pied à terre à
Alais, je ne voulus plus prendre de voiture, et je
m'enfonçai, à pied, dans le sentier de traverse qui
conduisait à Maleraygues par la montagne. Arrivé au
petit hameau de Roquemille, je revis ce site au milieu duquel s'était passée une partie de mon enfance,
et qui me rappelait l'horrible épisode de la mort de
Clémentine, que Dominique m'avait souvent raconté;
j'aperçus de loin le Pic-des-Chèvres, toujours par-

semé de ses bouquets de chênes et de pins. A une demi-lieue plus bas m'apparut Maleraygues, dont la façade s'estompait, à distance, dans les grands arbres qui l'entouraient. Mille souvenirs mélancoliques, mille tristes images m'assaillaient, pendant que je suivais, mon bâton à la main, le petit sentier jeté, comme une corniche naturelle, à mi-côte de la montagne, et dominant, de sa mince gerçure, le gouffre fatal du *Trou-du-Renard*. Quarante ans s'étaient écoulés depuis cette terrible scène; rien, parmi les objets que j'avais sous les yeux, ne semblait d'accord avec ces lugubres réminiscences du passé : la matinée avançait; la tiédeur de l'air était en harmonie avec la pureté du ciel; la nature, si habile à faire des parures avec des ruines, avait jeté sur le talus qui court en pente rapide jusqu'au gouffre, une variété infinie de clématites, de liserons, de gentianes, d'églantiers qui dérobaient l'effrayante profondeur du ravin sous leur tapis splendide et leurs flexibles guirlandes. Des arbres verts, plantés à profusion à travers les roches granitiques qui surplombent le sentier, animaient de leurs groupes élégans et de leurs frêles pyramides ces masses noirâtres et

stériles. Au loin, dans la vallée, ces légers filamens
qu'on nomme fils de la sainte Vierge, formaient çà
et là comme une gaze impalpable sous laquelle chaque teinte semblait plus douce, chaque contour plus
harmonieux. Le cri strident et prolongé de l'ortolan,
perché sur quelque touffe isolée d'yeuse, répondait
aux joyeux trilles de l'alouette, perdue dans l'azur
du ciel. A mesure que j'approchais de Maleraygues,
une spirale de fumée bleuâtre s'exhalant du toit, une
vache montrant tout-à-coup sa tête curieuse et somnolente au-dessus d'une haie d'aubépines, un vol de
pigeons s'abattant au bord d'une prairie, complétaient l'effet de cette scène champêtre et en faisaient
mieux ressortir la douceur et le calme.

Je n'avais plus que fort peu de chemin à faire pour
arriver au château; à cinq minutes à peu près du
bâtiment, le sentier formait un coude, et allait abou-
tir dans une sorte de quinconce planté de grenadiers à fleurs doubles, de mimosas, de troènes, de
faux-ébéniers, dont les dernières rangées tapissaient
le perron. Ces arbustes avaient si bien prospéré qu'ils
formaient un épais rideau, et que le visiteur arrivé à

l'entrée de ce quinconce, voyait à peine à deux pas
devant soi.

Mais, depuis quelques instans, j'étais guidé dans
ma marche par des voix confuses, des cris joyeux,
des éclats de rire qui m'annonçaient la présence
d'êtres vivans, et qui partaient du fond de ce joli
massif. J'avançai encore un peu, et, au détour de
l'allée, un spectacle délicieux s'offrit à mes regards.

Sur la première marche du perron, abrité à demi
contre le soleil par les plantes grimpantes de la façade, qu'un intelligent jardinier avait fait courir sur
un léger grillage, une jeune femme était assise, tenant sur ses genoux les diverses pièces qui devaient
lui servir à habiller un enfant de trois ans, en che-
mise, qu'elle retenait à grand'peine à ses côtés. Une
autre jeune femme, qui était évidemment une bonne,
debout à l'angle du perron, favorisait, par une complicité fort peu déguisée, les ébats de l'enfant indo-
cile et rieur, qui semblait décidé à prolonger la scène
indéfiniment. A quelques pas de lui, un bel épagneul,
la queue tendue et le museau en arrêt, ne perdait

pas un moment de vue l'heureux bambin, qui, à chaque vêtement qu'on voulait lui mettre, le saisissait
entre les doigts de sa mère et le jetait de toute sa
force. C'était là ce qu'attendait le chien. Il se précipitait comme la foudre sur l'objet, puis le rappor-
tait d'un air grave et la tête haute. Alors l'enfant prenait le chien par les oreilles, et se roulait avec lui,
pêle-mêle, l'un riant aux éclats, l'autre jappant de
plaisir, sans que jamais les dents de la bonne bête
effleurassent la chair rose et la peau délicate de son
compagnon. Ce jeu durait jusqu'à ce que l'interven-
tion de la mère le fît cesser pour une minute : le
chien alors reprenait son poste, et, une minute
après, on recommençait. Au haut du perron, un
homme, jeune encore, et en qui je reconnus à l'instant Raymon de Varni, contemplait, appuyé sur son
fusil, cette scène ravissante, avec une expression de
bonheur intime et profond, qui me rappelait le *La-
tonæ tacitum* de Virgile.

Pour ne pas troubler cette adorable fête de mater-
nité et d'enfance, j'étais resté tapi derrière un troêne;
je ne me montrai que lorsque la mère, moitié gron-

dant, moitié caressant, eut enfin obtenu que l'enfant
laissât terminer sa toilette.

Dès que je m'avançai, Raymon me reconnut aussi;
enjambant lestement les marches, il courut à moi,
me serra la main et me présenta, comme son ami
d'enfance, à la jeune femme, qui s'était levée et qui
n'était autre que Delphine. J'embrassai ensuite l'enfant (c'était vous, Monsieur le vicomte), qui me pré-
férait le chien, mais qui me tendit pourtant ses grosses joues de fort bonne grâce. Raymon et Delphine
me remercièrent, dans les termes les plus aimables,
de m'être arraché à mes nombreuses affaires pour venir passer quelques jours avec eux. Bref, au bout
d'une heure, j'étais installé dans la maison comme si
je ne l'avais jamais quittée.

J'étais venu avec l'intention de mettre à profit cette
sagacité dont je me croyais abondamment pourvu,
et que nous donne de bonne heure, à nous autres notaires, l'habitude de voir les hommes prendre et ôter
tour-à-tour, devant nos regards, ce triste masque
qu'on appelle l'intérêt.

Cependant, je dois en convenir, cette sagacité se trouva en défaut pendant toute la première journée. Raymon, dans ses rapports avec sa femme, était affectueux et grave, sans passion, mais avec tendresse. Elle paraissait éprouver pour lui un amour d'autant plus profond qu'il ne se trahissait ni par des paroles expressives ni par des démonstrations éloquentes, mais par ces demi-teintes, si bien d'accord avec le bonheur en ménage, lequel a besoin de clair-obscur plutôt que d'éclat, de recueillement plutôt que d'ivresse.

Je vis que Delphine avait pris soin d'entourer son mari de ce bien-être absolu auquel sont sensibles les organisations délicates, et qui, en écartant de la vie domestique les fausses notes, les tons criards, le grincement des rouages, supplice des hommes d'imagination, les accoutume peu à peu à renoncer à leurs rêves, et assoupit honnêtement ce qu'ils ont en eux d'inquiet et de trop vif.

En somme, l'intérieur de ce ménage était charmant. Delphine avait vingt-sept ans ; mais on ne lui en aurait pas donné plus de vingt, tant sa vie cam-

pagnarde et le calme de son âme lui avaient con-
servé de fraîcheur. Ses joues rivalisaient, de teintes
roses et veloutées, avec celles de son enfant.

Ainsi que l'avait écrit son père, elle n'était
ni sotte ni niaise ; seulement on devinait que le
côté poétique de l'existence était pour elle un livre
fermé ; admirable défaut pour qui connaît les bas-
bleus et les Égéries ! Ainsi, les troupeaux, les pigeons,
les jardins, les fleurs et les fruits, n'étaient jamais
pour Delphine un prétexte à pastorales, à géorgiques
ou à dithyrambes ; mais elle allait traire elle-même
la plus belle de ses vaches, pour en offrir à son mari
ou à ses hôtes le lait savoureux et pur ; ses espaliers
pliaient sous le poids des fruits que Raymon aimait
le mieux ; et, s'étant aperçue que Raymon avait une
passion pour les fleurs, elle avait soin que le par-
terre, les plates-bandes et les jardinières fussent
constamment garnis des roses les plus nouvelles, des
dahlias les mieux tuyautés, des fuchsias les plus élégantes, des géraniums les plus embaumés. Les repas
étaient exquis ; chaque plat, chaque assaisonnement,
chaque accessoire avait cette perfection positive si

appréciée des connaisseurs et des gourmets. Pour les amis, pour les malades, pour les pauvres, il y avait le vin de tel crû, la liqueur de telle année, bouchés savamment, exactement étiquetés, et qui faisaient couler dans les veines une joyeuse bonhomie, ne haïssant pas le mot pour rire, et ennemie jurée des vapeurs et du lyrisme. Le café n'était jamais froid ; les lampes ne fumaient pas ; si l'on voulait un bon livre, un jeu de cartes, un damier, un cigare, à l'instant livre, cartes, damier, cigare et table de jeu, se trouvaient sous la main. Il y a des femmes, héroïnes de sentiment, de vertu, de roman et de grandes pensées, qui font poétiquement le malheur de leur mari ; Delphine faisait prosaïquement le bonheur du sien.

Sous des aspects plus sérieux, j'eus lieu d'être délicieusement ému. Raymon et Delphine paraissaient avoir admirablement compris la vie et les devoirs du grand propriétaire de notre époque, c'est à dire d'un temps où les titres, les distinctions, les parchemins n'ayant plus de valeur, l'homme riche et bien né doit tout remplacer par la dignité morale, et surtout par cette charité affectueuse, cordiale, *fraternelle*, impérissable trait-d'union entre l'opulence et la pauvreté. Non seulement Delphine connaissait les noms de tous les pauvres du village de Maleraygues ; mais chaque jour, elle s'éclipsait sans affectation, pendant quelques heures, pour juger par elle-même de leurs souffrances et de leurs besoins. Elle parlait à merveille leur rude patois ; le cœur d'ailleurs n'a point de patois, et sa langue est toujours la même. Par ce doux rôle d'ange gardien des pauvres, Delphine, à son insu, avait fait plus de progrès dans l'affection de son mari qu'elle n'en eût fait par des qualités éclatantes et de romanesques transports. La charité, la plus divine des vertus humaines, et aussi la plus humaine des vertus divines, a d'irrésistibles prestiges pour les âmes d'artistes, telles que celle de Raymon. Le côté rigoureux et austère du devoir effraie ces âmes ; le côté tendre et compatissant les attire. Peut-être un observateur attentif et morose trouverait-il encore dans cette prédilection un raffinement secret de cette vanité qui n'abdique pas, et qui cherche à se satisfaire jusque dans ses sacrifices apparents. Ne chicanons pas le bien, et

pardonnons aux poètes de préférer les friandises de
la vertu à ses austérités !

Au reste, Raymon de Varni n'était pas resté au
dessous de Delphine dans cette douce et noble tâche.
Il lui abandonnait les détails et se chargeait des at-
tributions générales. Je vis là, réuni et *fonctionnant*
ensemble, ce trio bienfaisant dont l'accord est la plus
belle et la plus complète personnification de la Providence auprès des pauvres de la campagne : le propriétaire, le médecin et le curé de village. Le docteur Dussaunoy et l'abbé Nodat vinrent voir, dans
la soirée, M. et madame Raymon de Varni. C'étaient
deux hommes approchant de la soixantaine, d'une
grande simplicité extérieure, secs, vigoureux, s'aimant beaucoup, se querellant toujours, et ne se
croyant pas obligés, malgré leurs spécialités respec-
tives, l'un d'être athée, l'autre d'être fanatique. Ils
donnèrent à Raymon et à Delphine le bulletin de ce
qu'ils avaient fait depuis la veille. La soirée était si
belle, que, lorsqu'ils se levèrent pour prendre congé,
Raymon nous proposa de les accompagner jusqu'au
village. Le docteur offrit galamment son bras à ma-

dame de Varni, et nous nous mîmes en marche tous les cinq, comme de vieux amis qui se seraient connus depuis vingt ans. Charles nous suivait, tantôt courant, tantôt porté dans les bras de Pauline, sa bonne, avec laquelle il continuait un de ces interminables dialogues, traduisibles seulement pour les mères. Le chemin qui conduit au village de Maleraygues est aussi riant, aussi aplani que celui du Pic-des-Chèvres au château est accidenté et sauvage; nous marchions à travers champs, faisant craquer sous nos pieds la paille des chaumes et la tige des luzernes coupées. L'épagneul, aussi fidèle que mal dressé, courait à droite et à gauche, décrivant des cercles extravagans, et poursuivant les oiseaux qui se levaient sous ses pas; puis il revenait à Charles, dont la main disparaissait parfois tout entière dans sa gueule inoffensive. Rien ne saurait rendre la sérénité de cette soirée; quelques nuages, frangés d'opale et d'or, s'étaient massés à l'horizon, plutôt pour accompaguer le soleil que pour le voiler; une brise imperceptible, venant des montagnes, nous apportait la vague et lointaine senteur des plantes aromatiques; les travailleurs revenaient des champs, qui sur sa charrette, qui sur son âne, qui à pied et pliant sous sa falourde de saules ; en passant, ils nous saluaient d'un *Bonsoir, Monsieur et la compagnie !* qui réjouissait le cœur par la franche expression de reconnaissance et d'amour qui s'y révélait. C'était là une de ces heures suaves où Werther lui-même aurait trouvé qu'il est bon de vivre, où Obermann aurait compris qu'il y a dans ce monde mieux à faire qu'à se plaindre de la stérilité de ses rêves ou à récriminer contre son Créateur et contre sa destinée.

Arrivés près du village, nous nous séparâmes du docteur et du curé, et nous reprîmes la route du château. Delphine, qui était grande et forte, voulut prendre, à son tour, Charles dans ses bras, lequel ne se laissa porter qu'après avoir échangé avec sa mère un long et joyeux baiser. Nous marchions, Raymon et moi, derrière madame de Varni ; Raymon commença par me montrer du regard ce groupe charmant, cette jolie tête, déjà à demi endormie, qui dépassait l'épaule de Delphine, et se balançait près de son cou, mêlée aux boucles opulentes de ses cheveux blonds ; puis, il me dit gaîment et à voix haute :

— Mon cher Calixte, êtes-vous chasseur !

— Comme peut l'être un notaire, répondis-je en souriant ; chasseur d'intention.

— Eh bien ! je veux que, demain, vous le soyez de fait ; nous nous lèverons à cinq heures du matin ; Victor, mon garde, sera sur pied, et nous irons à la chasse.

— Mais, d'abord, y a-t-il du gibier dans ce pays-ci ? demandai-je.

— Beaucoup..... à ce qu'on dit, répliqua étourdiment Raymon.

— Comment ! à ce qu'on dit ? Mais vous ne le savez donc pas vous-même ? Les chasseurs d'Avignon sont moins humbles ou moins sincères.

— Monsieur Ermel, dit alors Delphine se mêlant à la conversation, il faut que vous sachiez que Raymon est, à la chasse, d'un guignon inimaginable ; il sort toûs les jours avec son fusil, et il ne rapporte presque jamais rien.

Il y eut un instant de silence, après quoi Raymon, se rapprochant de moi, me dit à demi-voix :

— La pauvre Delphine ne se doute pas à quel gibier je chasse dans ces tournées infructueuses, d'où je ne rapporte ni perdrix ni lièvres.

Je tressaillis ; le ton de M. de Varni n'était plus le même ; ce n'était plus sa gaîté, son entrain de tout à l'heure ; on eût dit un écho affaibli de quelque émotion, de quelque rêve d'autrefois.

— Quel est donc ce gibier mystérieux que vous chassez? repris-je presqu'effrayé de ma question.

— Je chasse aux chimères, répondit-il avec un sourire qui n'était pas sans tristesse.

Je le regardai ; un léger trouble se trahissait sur son visage; mais sans le moindre mélange d'amertume ou de remords. Ce qui passait ainsi sur son front, c'était peut-être un souvenir ; ce n'était pas un regret.

En ce moment, nous arrivions au château ; Victor, le garde, se promenait gravement sur la terrasse.

— Victor, nous chasserons demain avec Monsieur ! lui dit Raymon.

Le garde, vieil invalide à figure enluminée, me toisa des pieds à la tête, et sa physionomie prit un air goguenard qui annonçait des doutes très peu flatteurs pour mes talens. — Hum ! fit-il entre ses dents, si je ne m'en mêle pas, je crois que le gibier ne sera pas bien lourd à porter !

Je passai, avec Raymon et Delphine, une douce soirée de causerie ; ensuite, quand vint l'heure de se retirer, M. de Varni m'accompagna jusqu'à l'appartement qui m'était préparé.

— A demain ! me dit-il en me présentant un bougeoir, nous ne tuerons probablement rien, mais je vous raconterai beaucoup de choses : je vous dirai pourquoi je rapporte si peu de perdrix et comment je chasse aux chimères !

LA CHASSE AUX CHIMÈRES.

III.

Le lendemain, nous étions sur pied, Raymon et moi, à cinq heures. Je ne crois pas qu'il existe une sensation plus douce que celle qu'éprouve le touriste ou le chasseur, lorsqu'après avoir secoué l'engourdissement de la nuit, il se trouve, au lever du jour, en rase campagne, marchant d'un pas délibéré et

sentant un frisson de vie passer dans ses veines avec
l'air pur et frais du matin. Le bois où nous devions
chasser s'appelait Escanourgues. Dans le Midi, comme
il n'y a presque plus de bois, on donne ce nom à
toute colline qui n'est pas absolument pelée. Le co-
teau d'Escanourgues, qui longeait les terres de Raymon, courant, par mamelons inégaux, du château
au village de Maleraygues, commençait en pentes
douces, renflées à peine sur le sol comme les vagues
sur la mer, et découpées, comme par zones, de pins
silvestres et de chênes verts, dont la croissance avait
été plus ou moins heureuse, suivant qu'ils avaient
été plus ou moins abrités contre le vent du nord ou
épargnés par la dent des troupeaux. Entre chacune
de ces couches de haute végétation, serpentaient de
vastes clairières couvertes de thym, de lavande, de
romarin et de genêt. Tout ce versant de la colline,
d'où l'on apercevait le bâtiment, la terrasse et le jardin de Maleraygues, s'harmoniait avec le reste du
paysage par un aspect plus pittoresque qu'abrupt,
plus rustique que sauvage. Mais lorsqu'on arrivait au
plateau, le site changeait de face. Ce n'étaient plus,
à perte de vue, que d'immenses ravins appelés *com-*

bes dans le pays, et qui semblaient creusés par un pied de géant dans une nuit de secousses et de convulsions volcaniques. Là, tout prenait des proportions plus grandioses, des tons plus heurtés, des formes plus rudes. De vrais chênes (chênes blancs) s'élevaient solitaires ou par petits groupes ; et leurs racines noires, noueuses, contournées, sortaient à demi des monceaux de pierres calcaires. De grands troncs, brisés par les orages ou minés par les pluies d'automne, étaient couchés çà et là sur les ravins, et servaient de ponts naturels autour desquels s'enroulaient, comme des serpens gigantesques, d'épaisses touffes de bignonias et de labrusques. Quelques rares sentiers, dont la trace se perdait à chaque pas, se devinaient à peine, de loin en loin, au léger frottement qui avait aplati et fait reluire les cailloux bruns et aigus. Parfois, au dessus des rochers taillés en pyramide ou en aiguille, qui s'élançaient d'espace en espace comme une informe dentelure, on voyait planer la buse ou le vautour qui, après d'interminables tournoiemens, finissaient par se poser sur une de ces pointes, — sentinelles immobiles de ce poste solitaire. Les paysans et les braconniers de Maleraygues éprouvaient une sorte d'horreur superstitieuse pour les Combes d'Escanourgues. Des brebis et des chèvres s'y étaient souvent perdues sans qu'il fût possible de les retrouver ; pour tout gibier, on n'y rencontrait que de la *sauvagine* (1), mot générique et expressif qui s'applique également au loup et au blaireau, au renard et à la fouine.

Raymon décida que nous n'irions pas chasser jusque-là, et que nous nous tiendrions dans le bois et dans les clairières, qui abondaient, à ce qu'affirmait le garde, en lièvres et en perdrix rouges. La chasse commença par les préliminaires classiques. Le fidèle Victor voulant, disait-il, me faire partager avec son maître l'honneur et le plaisir de la chasse, nous posta tous deux, à cinquante pas de distance, dans un endroit très découvert, où il était indubitable que

(1) Madame Sand, dans *la Mare au Diable*, dans *François le Champy*, dans *la Petite Fadette*, a fait un usage heureux, quoique immodéré, du patois berrichon. Que n'avons-nous le talent de l'illustre écrivain, pour donner une valeur littéraire à quelques uns des mots de notre délicieux patois languedocien et provençal, si mélodieux et si expressif !

les perdrix passeraient pour se rendre d'un bouquet de bois à l'autre. De temps immémorial, ajoutait-il, elles n'y avaient jamais manqué, et c'était à nous de savoir saisir le moment pour les tirer au passage. Après avoir pris le vent, sifflé les chiens et bien détaillé ses instructions, Victor s'éloigna fièrement avec un paysan que nous avions amené, et qui devait l'aider à rabattre le gibier. A peine l'eûmes-nous perdu de vue, que Raymon me fit signe, mit son fusil en bandoulière et se rapprocha de moi; j'imitai son exemple, et, au bout d'un instant, nous étions de nouveau à côté l'un de l'autre.

— Je ne veux pas, me dit-il, enlever au pauvre Victor ses illusions; mais le fait est qu'à l'endroit où nous sommes, il n'a jamais, du moins que je sache, passé une seule perdrix.

— Vraiment? répliquai-je avec un sourire de résignation.

— Hélas! oui, mon ami; mais, en revanche, regardez!

Il me montrait la plaine riante et fertile qui se déroulait à nos pieds. Le soleil s'était levé depuis une heure derrière les croupes lointaines des Cévennes, échelonnées à l'horizon. Le brouillard d'automne, qu'il pénétrait peu à peu, colorait chaque plan, suivant la distance, d'une teinte plus vaporeuse ou plus chaude; puis, se déchirant sous ses rayons, allait ouater de lambeaux cotonneux les rochers aux fines arêtes ou la vallée aux bas-fonds humides. A travers cette mousseline transparente perçaient et se dessinaient successivement les différens détails du paysage ; ici, la flèche du clocher de Maleraygues ; là, le svelte pignon du colombier ; plus loin, des fermes éparpillées dans la plaine comme des taches blanches sur un fond de verdure. Ce tableau de la nature matinale, frais comme cette heure charmante, s'animait peu à peu de scènes champêtres qui en complétaient l'ensemble et la vie. Raymon, après l'avoir contemplé quelque temps en silence, se tourna vers moi et me dit :

— Lorsque je suis tenté de me plaindre de la calme uniformité de mon existence, lorsque je sens

tressaillir en moi le souvenir de mes vieilles lubies,
je viens ici ; je regarde cette belle page du livre de
Dieu, sans cesse ouverte devant moi ; je m'imprègne
de cette poésie rustique et saine, mille fois plus
belle que celle des rêveurs et des rimeurs ; ensuite,
j'arrête mon regard sur cette petite fenêtre que vous
voyez là-bas, presqu'à l'angle du château ; c'est celle
de la chambre de mon fils... Après quoi, je me sens
plus fort et je rentre à la maison, le sac vide, mais
le cœur content.

— C'est donc, lui demandai-je, ce que vous appelez chasser aux chimères ?....

— Justement ; c'est au sein de cette immortelle
consolatrice qu'on appelle la campagne, que je viens
poursuivre, atteindre, étouffer les dernières révoltes
de mon imagination romanesque, ces inquiétudes de
l'âme, ces sollicitations importunes de la vanité, ces
secrets ressentimens d'une destinée manquée, qui
ont failli faire de moi le plus coupable et le plus
malheureux des hommes ! Ici, je sens mon être se
fondre dans ce grand tout, émanation visible du Dieu

qui m'a protégé contre moi-même. Quand j'ai respiré quelques gorgées de ce bon air, il me semble que je me débarrasse de ces humeurs malsaines qui débilitent la raison, énervent la volonté, enfièvrent l'esprit.... C'est là ma chasse; elle est peu productive; mais convenez, Ermel, qu'elle est originale !

On comprend aisément tout ce que ces demi-confidences avaient d'émouvant pour moi, à qui elles rappelaient l'étrange quiproquo, première cause du mariage de Raymon avec Delphine. Mon émotion, ma curiosité éclatèrent sans doute sur mon visage; car M. de Varni me regarda avec une gravité mélancolique, et il ajouta en me tendant la main :

— Ermel, je ne vous ai pas tout dit.

—Si, pour être digne de tout entendre, repris-je d'une voix émue, il suffit de former des vœux ardens pour votre bonheur, de demander à Dieu qu'il écarte de vous les orages du monde et les orages de l'âme, de suivre votre destinée avec la sympathie la plus profonde, et d'avoir tressailli de joie en vous voyant calme et heureux entre votre cher enfant et votre aimable compagne... s'il suffit de vous aimer comme le plus dévoué des serviteurs et le plus tendre des frères... parlez, Monsieur le vicomte, je vous écoute.

Raymon promena encore un regard autour de lui, puis il reprit :

—Vous voyez d'ici tous les biens que m'a accordés la bonté de Dieu : ces champs, ces collines, ce beau ciel, cet air pur et ce toit paisible sous lequel s'abritent ma femme et mon fils,.. Eh bien ! Calixte, que penseriez-vous si je vous disais qu'il ne s'en est fallu que d'un moment, d'un mot, d'un éclair, que je n'abandonnasse tout cela ?

—Je bénirais la Providence qui vous a épargné cet éternel sujet de douleur et de regret.

—Ecoutez-moi donc, mon ami. Vous le comprendrez sans peine ; je n'ai personne ici à qui je puisse faire mes confidences. J'ai autant que possible tracé

autour de ma vie un cercle que je ne dépasse point,
parce que je sais qu'en dehors de ce cercle mon imagination, mal guérie peut-être, s'élancerait encore
vers les chimères et les aventures. J'ai voulu que le
foyer domestique fût pour moi, avec plus de tendresse
et de charme, ce qu'était le cloître pour les reli-
gieux, une barrière infranchissable contre les bruits
et les excitations du monde. Je vois peu de mes voisins ; je n'ai d'amis que les pauvres, le médecin et le
curé de Maleraygues ; d'ailleurs, ce n'est qu'aux amis
d'enfance qu'on peut révéler certains replis, certaines
faiblesses du cœur. Chose étrange ! il semble que
ceux qui nous ont connus innocens et purs retrou-
veront encore un peu de notre pureté, de notre in-
nocence dans les fautes même que nous avons à leur
raconter ! C'est donc à vous seul, Calixte, que je
puis confier ce simple récit. Si je meurs jeune, peut-
être mes confidences pourront-elles un jour vous servir pour mettre mon fils en garde contre les périls
de ces imaginations ardentes, inquiètes, toujours en
fuite vers l'inconnu, et qui, à force de dédaigner
le bonheur ordinaire et le devoir commun, finissent
souvent par devenir tout-à-fait coupables et tout-à-

fait malheureuses. L'écueil auquel j'ai échappé, vous le montrerez à Charles, et ce récit prendra dans votre bouche toute l'autorité d'une leçon.

En prononçant ces paroles, M. de Varni se débarrassa de son attirail de chasse, qu'il paraissait décidé à traiter en objet de luxe. Ensuite, nous nous assîmes sur un talus à pente douce, d'où nous dominions tout le paysage, et dont la végétation aromatique parfumait nos habits et nos mains ; un instant après, Raymon me raconta ce qui suit :

— Je ne vous parlerai, mon ami, ni de mes premières années, ni de mon adolescence; vous les connaissez, et ce que je pourrais vous en dire se confondrait sans doute avec vos propres impressions. D'ailleurs, si je voulais faire sur moi-même une de ces études psychologiques qui n'appartiennent qu'au génie, je rencontrerais, dès le premier pas, une difficulté que votre bon goût ne manquerait pas de me signaler. Les grands poètes de notre époque

Goëthe, Byron, Châteaubriand, ont caractérisé en traits immortels cette disposition maladive, ce culte de l'idéal qui n'est parfois que le culte de soi-même, et que vous allez retrouver dans cette courte histoire. L'autre jour encore, comme si tous les échos de ce siècle devaient nous renvoyer la même plainte et la même voix, un jeune homme inconnu nous a raconté, en strophes mélodieuses, ce vague sentiment de l'infini qui le fera bien grand s'il ne l'enivre pas, et si la beauté de ses rêves ne finit pas par l'entraîner à s'en croire le héros (1). Pourquoi *Werther, Faust, Manfred, René*, pourquoi les vers de M. de Lamartine ont-ils fait vibrer toutes les âmes, comme ces souffles qui, courant de branche en branche, dans une forêt de pins, la font en un moment tressaillir tout entière ? C'est que chacun de ces livres a été, pour ainsi dire, l'œuvre collective d'un seul; c'est que les hommes qui les ont écrits, gagnés par la maladie commune, ont fait de leur génie l'instrument particulier de l'hymne universel ! Maintenant, que dirait-on d'un chétif rêveur qui voudrait, lui aussi,

(1) Les premières *Méditations* ont paru en 1820.

se raconter ? On le renverrait à ces grandes symphonies où se généralisent et se résument tous les sons, toutes les notes exhalées, çà et là, par les âmes malades. N'eût-on pas ri d'un soldat qui eût voulu donner à son tour les bulletins de la grande armée ? A celui-là seul appartient le droit de parler d'une bataille, qui en a embrassé le coup d'œil général du haut des cimes avec un regard d'aigle.

Je me bornerai donc à vous dire qu'à peine sorti de l'adolescence, je commençai à éprouver ces inquiétudes bizarres, ces agitations sans but, ce mécontentement du réel, fièvre morale qui, comme la fièvre du corps, a ses intermittences et ses langueurs, ses frissons et ses flammes. Ce fut à cette époque que je désirai être militaire. Je pensai que la vie des camps, avec ses devoirs précis, sa discipline rigoureuse, me tirerait de ce vague où se cache toujours une certaine indocilité de l'âme, et qu'en même temps ses grands spectacles, ses scènes douloureuses et sublimes donneraient une large pâture à mes ardeurs inassouvies. C'était, vous le savez, le temps des guerres épiques de l'Empire, le temps où nous étions tous attirés vers ce pôle où Bonaparte nous montrait d'avance son histoire illuminée de poésie. Vous savez aussi quelle fut la cause qui m'empêcha de suivre cette première vocation. Je crois voir encore maître Dominique Ermel, votre grand-père, avec ses longs cheveux blancs, sa figure pâle, expressive et triste, me prenant gravement par la main, et me révélant le vœu suprême émis par mes malheureux parens, que je ne servisse jamais d'autres maîtres que nos princes. Ce vœu sacré par la mort, cet écho de fidélité et de douleur qui m'arrivait de la sombre voûte de Varennes et des murs sinistres de la Glacière, fut pour moi un ordre sans réplique. J'obéis ; je me résignai ; je renonçai à l'épaulette, et je rentrai, libre et solitaire, dans ce monde des illusions et des rêveries où rien ne pouvait plus me protéger.

J'essayai des voyages ; mais l'homme d'imagination qui cherche à tromper et à assoupir par le mouvement matériel son agitation intérieure, reconnaît bien vite que ce prétendu remède n'est tout au plus qu'un palliatif : ces villes, ces paysages, ces foules et ces solitudes qu'on traverse sans y laisser de trace, qu'on quitte pour ne plus les revoir, qui ne nous parlent d'aucune affection, qui ne nous rappellent aucun lien, ne sont autre chose, à vrai dire, que nos rêveries mêmes, transportées dans le monde extérieur, et y gardant leurs flottantes et libres allures. Mes voyages m'intéressèrent ; ils ne me guérirent pas ; et, vers 1811, j'arrivai à Paris, toujours plein de cette anxiété vaniteuse qui, pour consentir à pratiquer la vie, aurait voulu en faire un roman.

J'étais à Paris, et j'avais vingt-cinq ans ! Je n'oublierai jamais le jour de mon arrivée. On était au mois de mai ; un beau soleil de printemps faisait reluire, comme autant de dards enflammés, cent mille baïonnettes, pressées dans la cour des Tuileries et sur la place du Carrousel. Cent mille hommes étaient passés en revue, entre deux campagnes, par Bonaparte. Je me souviens de l'impression inouïe, de l'espèce d'enivrement et de vertige que me causa ce spectacle, le plus imposant, quoi qu'on fasse, qui puisse émouvoir le cœur de l'homme. Il me semblait que le tambour et la musique militaire retentissaient en moi, tant je me sentais puissamment poussé vers ces images guerrières qui reprenaient possession de mon âme. Je me hissai tant bien que mal contre la grille, dévorant du regard les uniformes pittoresques qui bariolaient cette splendide armée ; les aides-de-camp passaient, au grand galop, devant moi, faisant flotter au vent, dans la rapidité de leur course, leurs aigrettes ou leurs dolmans ; les chevaux hennissaient ; des appels joyeux et sonores se croisaient de ligne en ligne. Au fond, sous la grande voûte qui conduit de la cour au jardin des Tuileries, j'apercevais, comme dans un lointain héroïque, un groupe tout brodé d'or, dont les évolutions successives me laissaient parfois entrevoir l'homme qui en était le centre et l'âme, le souverain maître de tout ce mouvement et de tout ce bruit. Combien je me sentais petit au milieu de tant de grandeurs ! avec quel mélange d'humiliation réelle et de vanité secrète je me débattais contre mon néant ! Que n'eussé-je pas donné pour être un des acteurs de cette fête, un de ces brillans officiers sur lesquels se fixaient tous les yeux, et quel douloureux retour sur moi-même en me voyant perdu dans cette foule, misérable atome absorbé dans un rayon de soleil ! C'était là une de

ces heures terribles pour les hommes qui me ressemblent, où ils se livreraient à Satan pourvu qu'il
leur donnât leur part de ces émotions, de ces gloires,
de ces ivresses qu'ils voient savourer par d'autres,
et que leurs lèvres ardentes appellent vainement.
Satan m'apparut en effet, mais sous une forme bien
gracieuse et bien belle. Une femme, de vingt à vingt-
deux ans, avait réussi, comme moi, à se coller contre
la grille ouverte, à quelques pas de l'Arc-de-Triom-
phe du Carrousel. Il y eut un moment rapide comme
l'éclair, où un des aides-de-camp, passant près de
nous pour exécuter un ordre, effleura quelques-unes
des personnes qui m'environnaient. Ainsi qu'il arrive
toujours dans ces foules compactes, il n'en fallut pas
davantage pour causer de l'effroi et du désordre;
une des vagues tumultueuses de cet océan humain
poussa presque dans mes bras la jeune femme, ma
voisine, que j'avais à peine aperçue et dont la mise
était celle d'une modeste grisette. Elle jeta un cri de
terreur; l'aide-de-camp, déjà un peu loin, se retourna sur sa selle, et, à la vue de cette femme, ses
yeux brillèrent d'une singulière expression où se
confondaient l'étonnement, l'orgueil, le regret de ne

pouvoir courir à elle. Mais sans doute il se souvint
que rien ne devait prévaloir contre la discipline ;
car, une seconde après, il avait disparu.

Cependant l'inconnue n'était pas remise de son
épouvante ; ses joues étaient pâles ; une larme brillait
dans ses yeux ; et elle s'appuyait involontairement
sur moi, comme si, au milieu de cet égoïsme gros-
sier qui caractérise les multitudes assemblées, elle
eût cherché un protecteur. A peine l'eus-je regardée, que je devinai que ses humbles vêtemens ne l'ha-
billaient pas, mais la déguisaient. Il y a neuf ans de
cela, et je tressaille encore en vous disant combien
je la trouvai belle !

Son émotion paraissait toujours aussi vive ; on
voyait qu'elle se faisait violence, et que, malgré la
force factice dont elle s'était armée, ce léger incident
la laissait sans défense contre cette foule et contre
elle-même. Elle aussi me regarda. Soit qu'elle comprît ce qui se passait dans mon âme, soit qu'elle
fût attirée, rassurée par mon visage timide et jeune,
soit plutôt que je lui parusse le seul homme de bonne

compagnie à qui elle pût s'adresser parmi tous ceux qui l'entouraient, je la sentis passer son bras sous le mien; puis, d'une voix tremblante dont l'accent était voilé par une hésitation pudique, elle me dit bien bas : « Par pitié, Monsieur, emmenez-moi ! »

Sans lui répondre, je serrai ce bras qu'elle m'abandonnait, et, à force de dextérité, de souplesse et de coups de coude, je réussis à la dégager. Lorsque nous eûmes dépassé le guichet et que nous respirâmes plus librement, je m'inclinai vers elle, et lui dis avec une politesse respectueuse :

— Si Madame voulait avoir la bonté de me dire où elle a laissé sa voiture, j'aurais l'honneur de l'y conduire.

Elle fixa sur moi un regard pénétrant : — Me connaissez-vous? demanda-t-elle.

— Sur l'honneur, répondis-je, je ne suis à Paris que depuis ce matin, et, avant ce moment que j'eusse payé de mon sang, je ne vous avais jamais vue !

— Alors , pourquoi ne pas me prendre pour ce que je suis? reprit-elle avec une feinte brusquerie : une grisette , et rien de plus ?

— Madame, si je me suis trompé , veuillez ne pas m'en punir; je le serai déjà trop quand il faudra vous quitter.

Elle parut hésiter encore un moment; ensuite elle revint à moi , et me dit : — Vous-même, Monsieur , qui êtes-vous ?

— Le vicomte Raymon de Varni.

— Eh bien ! vous ne vous êtes pas trompé ; ma voiture m'attend sur le quai Voltaire ; si ce n'est pas abuser de votre complaisance , voulez-vous me conduire jusque-là ?

Je repris son bras ; nous traversâmes le Pont-Royal sans échanger une parole : arrivés sur le quai, nous trouvâmes, en effet, une voiture magnifique, aux écussons armoriés, et attelée de deux beaux chevaux bai-brun.

— Chez moi ! dit-elle au valet de pied qui vint lui ouvrir la portière.

— A l'hôtel ! cria celui-ci au cocher en grimpant lestement derrière la voiture.

Ma belle inconnue me dit adieu de la main ; l'attelage partit au galop ; et moi , je restai sur le quai , immobile comme une statue, et me demandant si tout ce qui venait de se passer n'était pas un rêve.

Dès lors, je n'eus plus qu'une pensée ; mes facultés inactives, mes vagues désirs , mes inquiétudes de cœur, tout se concentra sur une seule image. Je n'attendis pas long-temps. Quelques jours après, je reçus une lettre ainsi conçue :

« La duchesse d'Oriniano prie M. le vicomte de Varni de lui faire l'honneur de venir passer la soirée chez elle, mardi prochain, 27 mai. »

Je ne veux pas, mon cher Calixte, dans cette simple et sincère confidence , chercher les effets et les surprises de roman ; je vous dirai donc que, ne connaissant que de nom la duchesse d'Oriniano, une des femmes les plus élégantes de la cour impériale , ne sachant pas d'où pouvait me venir son invitation, un invincible pressentiment m'avertit que ce devait être l'inconnue de la place du Carrousel. Je ne me trompai pas; c'était elle. Elle vint à moi avec une grâce parfaite, et me présenta à son père , le marquis de Sorigny, qui m'accueillit à merveille. Madame d'Oriniano était veuve. Son mari avait été tué à Wagram. Mariée avant seize ans, elle en avait alors vingt-deux. Voilà tout ce que j'appris ce premier jour.

Cette soirée fut pour moi une suite d'émotions et d'extases ; si la duchesse m'avait paru d'une ineffable beauté quand un bonnet de simple ouvrière recouvrait ses cheveux noirs , quand une robe d'indienne dissimulait sa taille charmante, jugez ce que je dus ressentir en la revoyant entourée de tout l'éclat de son rang, en robe de bal , et au milieu d'un cortége d'adorateurs et d'attentifs! Cette poésie, que

j'essayais obstinément de mettre dans ma vie, après
l'avoir établie dans mes rêves, je la retrouvais là, vivante, animée, prodigue de sourires et de regards ,
revêtue de cette beauté souveraine, le voile le plus
éblouissant dont puisse s'environner l'idéal des poètes
et des artistes! Je fus fasciné. On commença par faire
de la musique; la duchesse chanta un air de Cimarosa , avec une de ces voix riches, un peu guttu-
rales, auxquelles les notes de contr'alto donnent tant
de magique puissance. Ensuite on dansa; malgré ma
timidité et mon trouble j'engageai madame d'Oriniano pour un quadrille. J'étais si ému que je laissai
passer les premières figures sans oser lui adresser
une parole. Pour une femme accoutumée aux triom-
phes, aux hommages et aux madrigaux , il y avait
sans doute quelque chose d'attrayant et de neuf à se
voir, de la part d'un homme très jeune , l'objet d'un
culte qui s'effrayait de lui-même ; car la duchesse me
regardait avec une sorte d'intérêt mélancolique , de
perplexité affectueuse, comme s'il y avait eu dans son
âme une lutte entre sa coquetterie naturelle, qui lui
conseillait d'enchaîner un nouvel esclave à son char,
et sa bonté qui la faisait compatir d'avance à mes

tourmens et à mes chagrins. A la fin, je me rassurai
un peu ; je commençai par la remercier de s'être
souvenue de moi; je lui demandai comment elle avait
su mon adresse ; elle me montra, en souriant, le mi-
nistre de la police, qui papillonnait dans le salon et
qui semblait fort empressé auprès d'elle. Je fis ensuite quelques allusions, aussi délicates que je le pus,
aux singuliers détails de notre première rencontre ;
et, entraîné par une curiosité invincible, j'allais lui
demander le motif de l'étrange déguisement sous lequel je l'avais rencontrée, lorsque je sentis tout-à-
coup trembler sa main que je tenais dans la mienne
pour exécuter un des mouvemens de la contredanse.
On venait d'annoncer le colonel Daubray. Je jetai les
yeux sur ma danseuse, et, à ce tressaillement ner-
veux, je vis s'ajouter cette soudaine pâleur qui déjà,
le jour de la revue, s'était répandue sur ses joues
lorsqu'elle avait failli s'évanouir dans mes bras. Alors,
j'examinai attentivement le colonel, et mon instinct
d'amant plutôt que ma mémoire me fit deviner que
c'était là l'officier qui, en passant près de nous au
galop de son cheval, avait jeté dans la foule ce
désordre dont s'était épouvantée madame d'Ori-

niano. Je remarquai en même temps que le marquis de Sorigny, le père de la duchesse, recevait M.
Daubray avec une certaine froideur. Là se bornè-
rent mes observations; le bal était arrivé à ce moment de surexcitation physique, pour ainsi dire, où
l'on aurait tort d'attacher un sens trop précis à l'é-
motion des voix et des regards. Rien, d'ailleurs, ne
distinguait l'attitude de madame d'Oriniano vis-à-vis
le colonel, de la manière dont elle accueillait les autres hommes qui l'entouraient. Il faut un coup d'œil
plus exercé que celui d'un rêveur de vingt-cinq ans,
pour démêler les symptômes imperceptibles par lesquels se trahissent les préférences d'une femme du
monde.

A dater de cette soirée, mon sort, mon avenir,
les songes de ma jeunesse, les indéfinissables ardeurs
de mon âme, me parurent fixées pour jamais. Me faire
aimer d'Ermance d'Oriniano, fut pour moi cet Eden
poétique et romanesque où les imaginations juvéni-
les placent leurs illusions fleuries, jusqu'à ce que les
en bannisse le mauvais ange de la réalité. Je ne
vous raconterai pas, mon ami, les phases de cet

amour ; je craindrais presque de le ressusciter en le racontant. D'ailleurs, ce sentiment éteint est pour mon cœur ce que sont ces pastels effacés, où l'œil de celui qui aima peut seul retrouver quelque trace de l'image. Le peu que je vous ai dit ne suffit-il pas pour vous faire tout comprendre? Ne tenant presqu'à rien en ce monde, orphelin dès mon enfance, n'ayant jamais eu ni affection profonde qui remplît mon cœur, ni devoir positif qui enchaînât mon esprit, j'embrassai ce sentiment nouveau comme la patrie qui me manquait, la famille que je n'avais point connue, le lien qui me fixait à la vie. Les organisations d'artistes ne sont, en outre, jamais exemptes d'une vanité, plus ou moins avouée, qui se concilie fort bien avec la méfiance de soi-même, et à laquelle l'amour d'Ermance offrait d'enivrantes perspectives. Qu'est-ce que l'art? Ou c'est le plus misérable des métiers, ou c'est la recherche de l'idéal. Eh bien ! si cette recherche, par une pente presqu'inévitable, passe de l'œuvre dans la vie de l'artiste, il sera, là aussi, mécontent de ce qui est, avide de ce qui peut être : mécontentement funeste, avidité dangereuse, sœur de l'orgueil chez les forts, de la vanité chez les faibles ! Heureux alors, heureux celui qui, saisissant cet idéal fugitif dans les bras d'une femme aimée, absorbe et consume tout dans cette ineffable extase de deux cœurs dont le ciel consacre l'ardente et impérissable union !

Pendant plus d'un an, j'allai presque tous les jours chez la duchesse. Au commencement, je remarquai, dans son accueil, de bizarres contrastes. Tantôt elle me recevait avec cette petite moue dédaigneuse et ennuyée sur laquelle il n'y a pas moyen de se méprendre ; tantôt elle déployait pour moi une prévenance, une grâce, qu'un homme fat eût aisément appelée d'un nom plus tendre. Au bout de quelques mois, ses manières changèrent ; d'abord, pendant quelques semaines, ses yeux rouges, son air abattu, ces négligences de toilette qui, chez une femme élégante, sont le plus irrécusable des indices, m'apprirent qu'elle avait un chagrin et qu'elle pleurait quand elle était seule. Son silence, quand je voulus l'interroger, me fit comprendre, hélas ! que je devais rester étranger à ces larmes, et que ce n'était pas moi qui les faisait verser. Ensuite, son accueil devint uniformément affectueux et triste. Il n'y eut plus qu'une nuance qui ne pouvait échapper à la clairvoyance d'un amant : c'est qu'Ermance m'accueillait mieux lorsque son père était absent ou distrait ; mais dès que le marquis de Sorigny, qui paraissait me voir avec plaisir, me traitait avec une distinction un peu trop marquée, j'apercevais aussitôt, dans les manières de sa fille, un peu de gêne et de froideur.

Quinze mois se passèrent ainsi, pendant lesquels, partagé entre l'espérance et la crainte, redoutant de perdre pour jamais, en essayant de la saisir, l'enchanteresse vision qui flottait à l'horizon de mes rêves, je n'osai pas même, tant je craignais d'avoir à briser l'idole, demander à Ermance pourquoi, lors de notre première rencontre, elle était déguisée en grisette. Je me dis enfin que cette situation ne pouvait pas se prolonger davantage, et qu'autant valait devenir fou de joie ou de douleur que d'incertitude. Pour la première fois, moi qui n'accorde jamais une pensée aux distinctions nobiliaires, je me souvins de tout ce que Dominique et vous, m'aviez dit sur l'ancienneté de ma famille. Je savais aussi, toujours par

vous et grâce à vous, que ma fortune était considérable. Il me sembla donc qu'en demandant à Ermance sa main, je pourrais être indifférent ou importun, mais que, du moins, je ne serais pas ridicule. Un matin, je m'armai de courage et j'allai chez
elle : j'eus le bonheur de la trouver seule ; aux premiers mots que je lui adressai, ma voix était si tremblante que la duchesse devina ce que je venais lui
dire. Peut-être essaya-t-elle d'arrêter l'aveu sur mes
lèvres ; j'étais si troublé que je ne m'en souviens pas.
Ce que je sais, c'est qu'après quelques paroles dites
avec un désordre qui les rendait inintelligibles, emporté peu à peu par le sentiment qui était devenu
mon être tout entier, je trouvai des accens émou-
vans... la vérité de mon cœur vibra dans ma voix...
Ah ! il faut que cette vérité soit bien puissante, cette
émotion bien magnétique ; car je vis Ermance émue,
attendrie. Elle me tendit la main, et murmura d'un
air doux et triste :

— C'est dommage !...

Je n'eus pas le temps de lui demander l'explication

de ces deux mots vagues et cruels ; car, en ce moment, la porte s'ouvrit. On lui apportait un journal.
La duchesse le déplia ; et à peine eut-elle jeté les
yeux sur la première page, qu'elle bondit comme
une lionne. — « Frédéric est blessé ! » s'écria-t-elle,
et dans ce cri se révéla pour moi le véritable amour,
l'amour que je n'inspirais pas !

Elle s'était levée toute droite, s'appuyant d'une
main sur le dossier de son fauteuil ; l'autre tenait le
journal qu'elle n'osait plus regarder. Enfin, elle réussit à dompter son angoisse, à ranimer sa résolution
défaillante ; elle releva le journal près de ses yeux
humides, et reprit sa lecture : bientôt une incroyable
expression de joie et d'orgueil succéda, sur son visage, à la pâleur du premier moment :

— Il est blessé, mais il vit ! me dit-elle avec cet
égoïsme de l'amour absolu, qui tuerait, au besoin,
tout ce qui n'est pas lui.

A mon tour, je pris le journal ; il contenait le récit
d'une bataille que je ne veux pas vous nommer ; car

ce nom, glorieux pour la France, est resté odieux pour moi. Le colonel Frédéric Daubray s'y était couvert de gloire ; il était blessé, mais les chirurgiens répondaient de lui.

J'éprouvai alors une sorte d'horrible plaisir à retourner dans mon cœur saignant la lame du poignard qui venait de s'y briser ; j'interrogeai madame d'Oriniano, et elle était trop émue pour me rien dissimuler. Elle m'apprit que, depuis deux ans, elle aimait avec passion le colonel Frédéric Daubray ; mais que le marquis de Sorigny, son père, s'était jusqu'alors formellement opposé à toute idée de mariage avec Frédéric. L'union d'Ermance avec le duc d'Oriniano n'avait pas été heureuse, et le marquis, vieil émigré, en gardait d'ailleurs une violente rancune ; car cette union avait été une de celles que Bonaparte, alors au début de sa puissance, faisait contracter, presque de force, comme moyen de fusion politique et sociale, entre ses généraux et les jeunes filles nobles. M. de Sorigny, voyant sa fille veuve à vingt ans, après quatre années de mariage qu'elle avait passées à pleurer sur les prodigalités, les absences et les dangers de son mari, s'était juré que, pour le repos d'Ermance et pour le sien, il ne la laisserait se remarier qu'avec un gentilhomme d'ancienne souche, libre de tout engagement vis-à-vis de l'empereur. Mes assiduités auprès de la duchesse lui avaient fait secrètement espérer que je serais pour lui ce gendre désiré. Hélas ! pendant ce temps, Ermance, toujours pure, mais toujours passionnée, affectait de se compromettre pour aplanir les obstacles qui la séparaient de Frédéric. Ainsi tout s'expliquait pour moi, les prévenances du marquis, les alternatives de froideur et d'affection que j'avais rencontrées chez la duchesse, selon qu'elle voyait en moi un prétendant ou un ami ; tout, jusqu'à son déguisement lors de notre première rencontre. Quelques heures avant la revue, monsieur de Sorigny avait défendu à sa fille de paraître à une fenêtre des Tuileries où une place lui était réservée, et où il savait que le colonel Daubray ne manquerait pas de tourner, pendant la fête, de compromettans regards. Une idée folle, romanesque, avait alors passé par la tête d'Ermance. Cédant à ce besoin de se faire petite devant l'homme aimé, qui est un des caractères de l'amour vrai chez les femmes, la duchesse, pour mieux tromper monsieur de Sorigny, avait feint d'être souffrante. Puis elle s'était procuré un costume de grisette ; et, sous cet humble déguisement, perdue dans la foule, heureuse de cet incognito, de cet abaissement, de cet air de mystère et d'intrigue qu'elle donnait à une action innocente, la grande dame, abdiquant tout, hormis sa beauté et son amour, était venue rendre cet hommage bizarre à l'homme qu'elle adorait. Vous avez vu, mon ami, quelles conséquences avait eues cet épisode pour mon cœur et ma destinée.

Quand la duchesse m'eut tout raconté, je me levai et je lui dis adieu. Je crois, en vérité, qu'elle était si absorbée par son amour, son émotion et le récit du journal, qu'elle ne se souvenait plus, en ce moment, de cette passion ardente et vraie que j'avais, un quart d'heure avant, essayé de lui peindre. J'avais cessé d'exister pour elle ; elle me sourit avec une bienveillance distraite, comme si elle eût pensé que je reviendrais le lendemain.

Le lendemain, je partais pour le Midi ; huit jours après, j'arrivais auprès de vous ; et, l'année suivante, j'épousais Delphine de Malaucène. Vous venez d'apprendre ce qui a précédé mon mariage ; je vais maintenant vous raconter ce qui l'a suivi.

En épousant Delphine de Malaucène, je ne m'abusai ni sur son caractère, ni sur l'avenir qui m'attendait auprès d'elle ; mais je me croyais guéri, pour jamais, de mes inquiétudes d'imagination et de cœur, par le triste dénoûment de mon amour pour Ermance. A vingt-six ans, je ne demandais plus à la vie que le repos et l'oubli. C'est encore une des vanités bizarres des hommes tels que moi : extrêmes en touteschoses, du moment qu'ils se sentent impuissans à réaliser leurs rêves ou qu'ils ont vu leur idéal brisé par une déception subite, il leur semble qu'ils ne sauraient aller trop vite et trop loin sur la route contraire, et que, ne pouvant être des héros de roman ou de poème, ils n'ont plus qu'à se faire paysans. Ce goût soudain d'abaissement absolu, de prosaïsme complet, n'est qu'une nouvelle face de l'orgueil. S'ils accep-

taient cette *moyenne* de la vie ordinaire, du devoir
pratique, où se trouvent le vrai bon sens, l'honnê-
teté réelle et le bonheur raisonnable, ils pourraient
être confondus avec le commun des hommes ; l'on
pourrait oublier, à la longue, à quels point ils sont
supérieurs à la place qu'ils occupent, au rôle qu'ils
jouent en ce monde : mais établir un contraste complet entre leurs facultés et leur vie, affubler de sabots
et de guêtres de cuir leur imagination romanesque,
c'est, à leurs yeux, une façon de protester contre
l'injustice du sort, d'amener constamment un parallèle flatteur entre ce qu'ils pourraient faire et ce
qu'ils font, de donner à leur médiocrité forcée l'air
d'une abdication volontaire. Il y a chez les esprits
dont je parle, et qui sont ou se croient les hauts ba-
rons de l'intelligence, les mêmes allures que chez les
grands seigneurs : comme eux ils sont dédaigneux
pour tout ce qui est médiocre, affables pour tout ce
qui est petit.

J'épousai donc Delphine en me figurant naïvement
que j'abdiquais, et que mon idéale royauté n'aurait
plus qu'à *monter des horloges.* Cette pensée com-

plaisante donna à mes premières relations avec mademoiselle de Malaucène et son père, une sincérité d'entraînement, une franchise de bonhomie dont ils ne pouvaient manquer d'être dupes, puisque j'en étais dupe moi-même. Aussi cette union fut-elle contractée, de part et d'autre, avec une cordialité affectueuse, une sérénité d'esprit, bien rare dans ces momens solennels, et à laquelle ajouta mon insouciance dans les questions de chiffres et d'argent. C'est, selon moi, des épisodes du contrat de mariage que dépend le bonheur conjugal, et je suis sûr, mon cher Calixte, que vous, juge si compétent en cette matière, vous ne me démentirez pas. Quoi de plus triste, de plus sinistre pour l'avenir d'un ménage, que ces discussions d'intérêt qui viennent assombrir, au moment suprême, ce ciel matrimonial sujet à tant de brumes et de nuages? Vous voulez que deux cœurs se donnent l'un à l'autre, avec toute l'expansion des immortelles tendresses, et vous placez entre ces deux cœurs une table d'arithmétique! et, à l'instant où ce don réciproque va devenir si absolu, si irrévocable, que Dieu ne pourra plus les séparer que par la mort, et les hommes par rien, vous leur laissez croire qu'il

eût suffi, une heure auparavant, de quelques sacs
d'écus ou de quelques chiffons de papier pour les re-
faire étrangers l'un à l'autre ! Ah ! que d'orages domestiques, que d'irréparables désunions dont on
cherche vainement le secret, et dont on trouverait
la cause dans quelques syllabes du contrat, imposées
par un entêtement aveugle ou subies par crainte
d'un éclat !

Les défauts mêmes de mon caractère me préser-
vèrent de ce danger, et j'entrai du moins dans la prison conjugale sans entendre grincer la porte. Les
premiers mois de mon mariage ne furent pas sans
douceur. Nous vînmes nous établir à Maleraygues,
qui était fort négligé depuis long-temps, et où j'avais
à faire, de tous côtés, des embellissemens et des ré-
parations. J'en fus occupé pendant un an ; je plan-
tai, je semai, je bâtis, et, pendant toute cette année,
je réussis assez bien à me conformer à mon nouveau
programme, à donner à ma vie cette régularité ma-
chinale qui substitue peu à peu aux inquiètes ardeurs une satisfaction somnolente, et qui a fait dire
à René que, s'il croyait au bonheur, il le chercherait

dans l'habitude. Mais, quand j'eus bien bouleversé
mon jardin, et remplacé les boulingrins et les allées
classiques par les ondulations et les massifs de l'école
anglaise ; lorsque j'eus jeté dans les fentes de mes
rochers sauvages quelques milliers de graines d'arbres verts ; lorsque, devançant un goût que la mode
adoptera tôt ou tard, j'eus relégué au grenier les con-
soles d'acajou à cariatides, les bureaux à têtes de
griffons, les pendules mythologiques, les vases de
fleurs artificielles précieusement conservées sous cloche, les chaises curules et les gravures de Léonidas,
pour mettre à la place ces bahuts en bois sculpté, ces
crédences brunies par le temps, ces dressoirs fine-
ment ciselés, tous ces bons vieux meubles dont le
pays abondait et que personne ne daignait regarder ;
lorsque j'eus terminé toutes ces opérations de propriétaire, de botaniste, de tapissier et d'architecte,
je me trouvai, un matin, face à face avec moi-même,
et je me demandai, avec un premier frisson d'inquiétude, si je n'aurais jamais autre chose à faire. C'est
alors que je fus en proie à un sentiment redoutable
et dangereux pour les hommes de mon caractère. Il
me sembla que j'accepterais très aisément ma desti-

née, qui, à vrai dire, n'était pas très dure, s'il dépendait de moi d'en choisir une autre, et que cette liberté dont je n'userais pas me suffirait par cela seul que je pourrais en user. Les rêveurs incomplets, tels que je le suis, c'est-à-dire ceux qui, assez grands pour mépriser la condition commune, sont trop faibles pour s'élever au-dessus, présentent en effet cette anomalie singulière. Comme un instinct secret les avertit que leurs forces ne sont pas au niveau de leurs idées, ils ne sont pas très fâchés, au fond, que les évènemens ne les mettent point au défi de transporter leurs rêves de la vie contemplative à la vie réelle, et ils se contentent assez bien de rester des grands hommes inédits, des hommes poétiques en disponibilité. Tout ce qu'ils veulent, c'est une porte ouverte sur cet horizon qu'ils contemplent, sur cette terre promise qu'ils entrevoient, sauf à ne jamais la toucher. Voilà pourquoi le mariage va si mal à ces amans du possible. Il précise à l'instant et resserre les bornes de cet horizon vague et indéfini ; entre le possible et le réel, entre ce qui pourrait être et ce qui est, il élève un mur de clôture, solidement construit, appuyé sur d'excellentes bases, mais cachant

tout le paysage et ne laissant plus voir qu'un peu de
l'azur ou des nuages du ciel. Bien des gens qui n'auraient jamais dépassé l'enceinte close par ce mur, si
ce mur n'existait pas, se révoltent contre lui, s'ef-
forcent de l'enjamber, et tombent de l'autre côté
tout déchirés et tout meurtris.

Développez, mon cher Calixte, les divers aspects
de cette disposition maladive dont j'essaie de résumer
les symptômes ; appliquez-les aux incidens uniformes, aux paisibles alternatives d'une vie d'intérieur
à la campagne ; et vous pourrez comprendre sans
peine comment je vécus pendant les trois années qui
suivirent mon mariage. Heureusement, ce qui a fa-
cilité plus tard mon retour au sens commun, ni Delphine, ni monsieur de Malaucène ne se doutèrent
de ce qui se passait en moi. Comment eussent-ils pu
soupçonner ce dont ils n'avaient pas l'idée ? Pour
s'inquiéter d'un mal, il faut le croire possible ; et, à
coup sûr, ni ma femme ni son père n'avaient un moment arrêté leur esprit sur ces vagues mécontente-
mens, ces aspirations idéales, cette soif de l'inconnu,
ce désir d'émotions romanesques dont j'étais de nou-

veau tourmenté. L'intelligence de monsieur de Malaucène, fort droite et fort honnête du reste, datait
de 1660. Pour lui, le dix-huitième siècle même
n'existait pas; Malherbe était venu, mais non pas
Voltaire; à ses yeux, la satire de Boileau sur les embarras de Paris était le plus grand luxe poétique
qu'on pût se permettre : dans ses jours de bonne
humeur, il la relisait, le soir, avant de se coucher,
et s'endormait régulièrement avant de la finir. Quant
à Byron, Goëthe ou Châteaubriand, mon beau-père
eût dit volontiers, comme Chicaneau :

Si j'en connais pas un, je veux être étranglé.

Il avait bien, dans sa jeunesse, vaguement entendu
parler de Rousseau; mais il le confondait toujours
avec Jean-Baptiste, et regrettait parfois que l'auteur
d'une ode aussi belle que l'ode au prince de Luc eût
manqué de respect à l'archevêque de Paris. Sa fille
avait hérité de ces heureuses ignorances, que ses
joues fraîches et ses limpides regards rendaient presque gracieuses. Lorsque je la pressais sur ma poitrine, cherchant à éveiller dans ce cœur chaste et

calme quelques étincelles de passion , je voyais clairement qu'elle me croyait malade, et que , sans la crainte de me déplaire, elle m'eût tâté le pouls pour s'assurer si je n'avais pas la fièvre. Lorsqu'à la suite d'une de mes promenades solitaires , je revenais triste, soucieux, portant sur mon front chagrin les traces de mes rêveries, Delphine s'imaginait aussitôt que j'avais la migraine ; elle m'apportait, un quart d'heure après, une grande tasse de tisane, et, le soir, elle me frottait le front et les tempes avec un mouchoir imbibé d'eau de Cologne. Mais tout cela était fait avec tant de simplicité; au fond de ces soins matériels, puérils, il y avait une affection si vraie, si pratique, que je n'avais jamais le courage de la repousser ou de lui dire : « Vous vous trompez; le mal dont je souffre, vous ne pouvez pas m'en guérir. » Je la remerciais en quelques mots affectueux, et elle s'éloignait contente.

Cette vie-là dura trois ans ; au mois de décembre 1816, un procès important me força d'aller à Paris. Je me méfiai de moi-même; je me dis que, si je me trouvais seul dans cette ville où tout surexcite, chez

l'homme d'imagination, le sentiment de révolte contre les destinées communes, mes rêveries et mes désirs rencontreraient une trop dangereuse pâture ; et
j'emmenai avec moi Delphine.

Cette précaution était judicieuse; mais, pour éviter un danger, elle m'exposait à un autre écueil.
Pour un homme qui a vécu libre à Paris, n'y obéissant qu'à ses goûts et à ses caprices, ayant devant
soi mille perspectives lointaines qu'il pouvait teindre,
à son gré, des couleurs de son imagination juvénile,
je ne connais pas de plus grand supplice que de s'y
retrouver, quelques années plus tard, officiellement
passé à l'état de provincial, et soumis au joug orthodoxe et définitif du mariage. Ce bien-être matériel dont je jouissais à Maleraygues, que Delphine
excellait à y maintenir, et qui réussit, quoi que puisse
dire notre vanité, à endormir, à calmer les blessures
idéales, ce bien-être disparaissait entièrement dans
l'incommode hôtel garni où nous étions descendus.
Tout m'y déplaisait, les meubles, les tentures, la
figure des garçons. Si je sortais, je me sentais étranger à ce luxe, à cette élégance, à cette civilisation

dont j'avais pris autrefois ma part. Si je rencontrais
quelques-uns des hommes que j'avais connus pendant mon premier séjour à Paris, entraînés par de
nouveaux courans vers leurs plaisirs ou leurs affaires, ils passaient près de moi sans me reconnaître. Si j'allais seul au spectacle, les émotions de la
musique ou du drame me rejetaient dans un monde
d'idées où tout était pour moi trouble et péril ; aux
accens de Cimarosa ou de Paër, à la voix puissante
de Talma, je voyais reparaître dans le champ désert
de mes pensées tous ces décevans feux-follets qu'a-
vait un moment assoupis le calme de la campagne.
Dans les entr'actes, lorsque, dirigeant ma lorgnette
vers les loges, je voyais rayonner, dans toute leur
gloire, les reines du moment, les étoiles de l'élégance et de la mode, je me reprochais, avec une
sourde irritation, de m'être exilé, à vingt-six ans, de
ce ciel poétique et mondain où m'appelaient mes goûts
et mes rêves. Lorsque j'allais au théâtre avec ma
femme, c'était bien pis. La pauvre Delphine, toute
dépaysée, perdait, dans ce cadre nouveau pour elle,
jusqu'aux grâces naturelles de sa jeunesse et de sa
beauté. Susceptible de ces impressions vives et ra-

pides que donnent les œuvres ou les artistes d'élite ,
j'eusse désiré que ces effluves magnétiques qui faisaient tressaillir ma nature enthousiaste se commu-
niquassent à Delphine et établissent un lien idéal
entre son âme et la mienne. Je m'impatientais de sa
tranquillité et de sa froideur. La naïveté de ses
questions, dont j'aurais dû sourire, me paraissait in-
tolérable; j'aurais voulu qu'elle eût l'air de savoir
ce qu'elle ignorait, ou qu'elle devinât ce qu'elle ne
comprenait pas. En voyant jouer le *Misanthrope*, au
lieu d'apprécier l'inimitable perfection du caractère
de Célimène, et l'art non moins admirable avec lequel mademoiselle Mars faisait ressortir toutes les
beautés de ce rôle , elle me demandait sérieusement
comment une femme pouvait avoir le courage de dé-
sespérer un si honnête homme. La musique l'endormait; comme toutes les personnes accoutumées au
grand air et à la vie des champs, la foule, les lumières,
le bruit, la chaleur, les veillées, tout la fatiguait, et
elle se plaignait de maux de cœur ou de maux de
tête au plus bel endroit de la pièce. En outre , ses
toilettes m'exaspéraient. A Maleraygues, où les points
de comparaison me manquaient et où Delphine était

presque toujours en robe blanche et en grand chapeau de paille , je n'avais jamais eu sujet de la trouver mal mise ; à Paris , tout me choquait. Fidèle à
l'illusion des provinciales qui s'imaginent que , pour
atteindre du premier coup l'élégance des Parisiennes,
il suffit d'acheter dans les magasins en renom une
quantité suffisante de chapeaux , de châles , de bon-
nets , de robes , de pèlerines et de dentelles , ma
femme m'arrivait transformée en spécimen d'un journal de modes , et réunissant sur sa personne toutes
les couleurs de l'arc-en-ciel. Au lieu de lui donner
des conseils , j'avais la sottise de me fâcher, non
pas en dehors, ce qui eût mieux valu peut-être, mais
en dedans , comme les gens vaniteux et faibles qui
emploient à cacher leurs ridicules l'art qu'ils de-
vraient mettre à s'en corriger. Je feignais alors d'être
souffrant pour ne pas sortir avec ma femme ; ou bien,
si elle s'apercevait de ma mauvaise humeur, je lui
disais que c'était mon procès qui prenait une fâ-
cheuse tournure. Delphine remettait sous clé écharpe
et chapeau, et venait se rasseoir au coin du feu;
mais ces heures passées en tête-à-tête, dans un triste
et terne salon d'hôtel garni , sans que rien vînt ani-

mer l'entretien, étaient loin de dissiper mes humeurs
noires. Après m'être agité sur ma chaise, avoir vingt
fois tisonné le feu et vingt fois regardé la pendule,
je m'écriais qu'un tour de promenade me ferait du
bien; je prenais mon chapeau, et je sortais seul,
heureux à la fois et courroucé de la tranquillité de
ma femme, qui me disait doucement : « Allez, mon
ami, et ne rentrez pas trop tard ! »

Un soir, je venais de m'échapper ainsi, en sauvant
tant bien que mal les apparences. Le hasard, un secret instinct peut-être, guida mes pas vers la rue de
Grenelle, où était situé l'hôtel de la duchesse d'Oriniano. Je n'avais pas revu la duchesse depuis mon
retour à Paris; je ne lui avais pas fait part de mon
mariage ; je savais seulement que le colonel Frédéric Daubray ayant été élevé au grade de général pendant la campagne de 1812, M. de Sorigny, le père
d'Ermance, s'était relâché de ses rigueurs, et que
l'année suivante, elle avait épousé Frédéric. En approchant de son hôtel, je vis que les fenêtres étaient
illuminées ; quelques voitures s'arrêtaient à la porte.
Une idée me vint, idée irrésistible; c'est qu'ayant

vécu, pendant plus d'un an, dans l'intimité d'Ermance et de son père, je n'avais pas besoin d'une nouvelle présentation pour entrer chez elle. Comme nous avions dû ce soir-là aller aux Italiens, ma femme et moi, j'étais convenablement habillé, et le temps, sec et clair, m'avait même préservé de toute éclaboussure. Je montai donc, non pas avec l'émotion d'autrefois (car, que pouvais-je espérer?), mais avec une sorte de dépit contre ma situation présente, qui me faisait trouver une joie fébrile à ressaisir les traces du passé. On m'annonça; il y avait quelques personnes chez Ermance, mais son mari n'y était pas. Elle parut heureuse de me revoir, et, comme le cœur d'une femme qu'on a aimée est un livre qu'il suffit de rouvrir pour savoir y lire, je ne tardai pas à démêler qu'au fond de cet accueil affectueux il y avait une souffrance cachée. Madame d'Oripiano n'avait rien perdu de sa beauté et de son élégance souveraine en devenant madame Daubray : seulement, sa beauté n'était plus la même. Lorsque je l'avais connue pour la première fois, la jeunesse et l'espérance, cette jeunesse du cœur, rayonnaient sur son visage. Les entraves qu'opposait son père à son

amour pour Frédéric Daubray, jetaient parfois sur
cette beauté et sur cette grâce un voile de tristesse ;
mais il y avait dans cette tristesse même quelque
chose d'enthousiaste, d'énergique, le sentiment d'une
force intérieure, d'une passion persévérante qui devait finir par triompher des obstacles. Maintenant
qu'Ermance était la femme de l'homme qu'elle avait
choisi , cette anxiété passionnée, ces alternatives
d'agitation latente et de calme apparent, au lieu de
se dissiper, n'avaient fait que changer de caractère.
Ses yeux brillaient d'un feu presque maladif qu'elle
s'efforçait en vain de comprimer. Elle regardait tantôt la pendule, tantôt les personnes groupées autour
d'elle, tantôt la porte du salon où elle paraissait attendre quelqu'un qui n'arrivait pas. L'accueil qu'elle
me fit se ressentait de ces dispositions inquiètes.
Après m'avoir reçu avec une expression de joie et
d'amitié exagérée, elle retombait dans sa distraction,
et ne répondait plus que par monosyllabes aux paroles que je lui adressais. Je crus devoir lui demander si je ne verrais pas son mari, et si je ne pourrais
pas la prier de me présenter à lui. — Le général
Daubray est au spectacle me répondit-elle sèche-

ment et avec une feinte insouciance sur laquelle je
ne pouvais m'abuser. A la fin, vers onze heures,
M. Daubray rentra. Il y eut entre le mari, la femme
et quelques intimes, un échange de plaisanteries sur
son absence ; mais on ne plaisantait que du bout des
lèvres, le sourire se figeait sur toutes les bouches.
Ermance me présenta, et, une demi-heure après,
je sortis.

Cette soirée me laissa une impression dont j'aurais
dû me méfier davantage ; car elle répondait à toutes
mes secrètes faiblesses. Il était évident pour moi
qu'Ermance n'était pas heureuse ; ses mécomptes, sa
mélancolie étaient un dédommagement pour ma vanité.
En retournant dans ce salon, je remettais le pied dans
ce monde, dans cette vie de Paris d'où je me sentais
exilé, et cette reprise de possession m'était d'autant
plus facile, que madame Daubray ignorait que je
fusse marié. Enfin, je me promettais chez elle un des
plaisirs les plus vifs que puissent goûter les hommes
qui me ressemblent, le plaisir d'observer. En effet,
mon cher Calixte, si j'ai réussi à vous faire saisir
quelques traits de mon caractère, tant de fois sou-

mis par moi-même à une exacte analyse, vous avez dû comprendre que mon amour-propre est négatif, pour ainsi dire, qu'il procède par exclusion, et qu'au lieu de chercher ses satisfactions en lui-même, il se contente, il s'indemnise en pénétrant de son mieux les petitesses et les vanités d'autrui. Ce contrôle me donne une double jouissance : je constate que les autres ne parviennent pas à me cacher les faiblesses que je crois réussir à dissimuler ; et je m'enorgueillis de cette faculté d'analyse qui me permet de deviner ce que je cache.

Quoi qu'il en soit, je retournai souvent chez Ermance, sans en parler à Delphine, trop simple d'ailleurs et trop naïve pour être jalouse. Il est vrai (car je ne voudrais pas vous sembler trop coupable) que je me croyais guéri de mon ancienne passion ; que j'avais chargé cet amour-propre dont je vous parle, de veiller sans cesse à la porte de mon cœur pour empêcher mon amour d'y rentrer, et que je comptais n'aller chez madame Daubray que pour retrouver quelques-unes de mes impressions mondaines, respirer de nouveau une atmosphère de civilisation et d'élégance, et me faire à moi-même un chapitre de roman psycologique, en étudiant la position respective d'Ermance et de Frédéric. La prétention était chimérique ; mais, à cette époque, je ne chassais pas encore aux chimères !

Je n'eus pas besoin d'une bien grande clairvoyance pour analyser le général Daubray. C'était tout simplement un bon militaire et un homme à bonnes fortunes, dont la double spécialité avait été réduite à l'état de sinécure par la chute de Bonaparte et par le mariage. Jugez quel plaisir pour moi, type de cette génération rêveuse qui a suivi les hommes d'action, pour moi chez qui l'intelligence et surtout l'imagination surpassaient la volonté, de prendre en flagrant délit d'abaissement et d'infériorité relative, un de ces héros de champ de bataille et de boudoir, brodés, dorés sur toutes les coutures, harnachés de gloire, de bravoure et d'uniformes, et qui, pendant quinze ans, avaient eu le monopole de toutes les préférences féminines ! Quel bonheur de voir ce Lovelace à graines d'épinards, tout dépaysé, tout penaud de n'avoir plus de coups de sabre à donner, de ville à conqué-

rir, de cœur à prendre d'assaut, ne sachant plus
que faire de son temps, complètement dépourvu d'i-
dées, enfermé dans sa félicité conjugale comme dans
une cage, et incapable d'apprécier la femme supé-
rieure qui s'était donnée à lui ! Cette étude, cette
revanche d'un amoureux éconduit n'était peut-être
pas bien criminelle ; mais il m'arriva ce que j'aurais
dû redouter. Pour mieux étudier le mari, je revoyais
trop souvent la femme ; pour constater que Frédéric
s'absentait presque tous les soirs, probablement pour
courir les coulisses ou porter à quelque beauté équi-
voque ses hommages las d'oisiveté, j'arrivais chez
Ermance, et chaque jour ravivait auprès d'elle mes
émotions d'autrefois. Comme je me figurais n'être
qu'observateur, je ne m'effrayais pas de cet attrait à
qui il avait fallu plusieurs années pour s'éteindre et
à qui il ne fallait que quelques heures pour se ré-
veiller. Cette manie d'analyse dont j'étais possédé,
et dont je croyais me faire une armure, a cela de
dangereux qu'elle nous donne le change, et nous re-
présente à nous-mêmes comme plus forts que nous
ne sommes contre les entraînemens et les folies. La
conviction où elle nous laisse que rien, ni autour de

nous, ni en nous-même, ne peut échapper à notre
sagacité, nous fait supposer qu'aucun écart ne nous
est possible, que nous serons toujours maîtres de
nos sentimens, et que la faculté de les démêler est
aussi celle de les vaincre. Nous ressemblons à ces
cochers confians qui se vantent de pouvoir retenir
des chevaux fougueux, sous prétexte qu'ils connais-
sent la route, et qui ne prévoient pas que leurs con-
naissances topographiques n'empêcheront point les
chevaux de s'emporter.

Ce fut sous l'empire de ces illusions, où s'abu-
saient également ma conscience et mon cœur, que
je passai, chaque semaine, trois ou quatre soirées
chez Ermance. Elle aussi fut dupe d'elle-même. Toujours éprise de Frédéric, trouvant dans ses inquiétudes, dans sa jalousie, un nouvel aliment à son
amour, espérant ramener son mari à l'aide de cette
tactique si souvent employée, et qui consiste à rede-
venir séduisante pour l'homme qu'on aime en se
faisant coquette pour l'homme qu'on n'aime pas,
madame Daubray ne voulait d'abord que piquer au
jeu le général, et lui prouver que ses regards et ses

sourires n'avaient rien perdu de leur magie. Je pré-
voyais cette opération stratégique, et je me regardais
comme suffisamment prémuni contre elle, par mon
amour-propre d'abord, ensuite parce que je me
croyais sûr de la déjouer en la devinant. Ainsi, nous
nous trompions l'un l'autre, après nous être trompés
nous-mêmes. Jalouse, elle s'imaginait se servir de
moi pour reconquérir l'amour de son mari; vaniteux, je me flattais de ne jamais m'engager trop fort
dans cette partie chanceuse, dans ce drame intime,
ce drame à trois, tel qu'il s'en est joué si souvent.
Ce premier plan qu'Ermance s'était tracé se modifia-
t-il plus tard dans son cœur? Finit-elle par éprouver pour moi un peu plus que ce sentiment égoïste
que je lui pardonnais d'avance, et qui lui faisait
chercher dans mes hommages un moyen de réveil-
ler la tendresse engourdie de M. Daubray? Y eut-il
pour elle quelque blessure au bout de cette escrime
dangereuse, quelque étincelle imprévue, jaillie tout-
à-coup de ce feu avec lequel elle jouait? Je ne l'ai
jamais bien su, et, si je le savais, je voudrais l'oublier. J'ai bien assez du souvenir de ce qui se passa
dans mon cœur, du trouble toujours croissant que

j'allais puiser dans les yeux d'Ermance, de cet irrésistible aimant qui me ramenait presque tous les soirs
à sa porte, des misérables prétextes que je me don-
nais à moi-même pour atténuer mes torts lorsque je
me sentais coupable, pour nier le péril lorsque déjà
j'y succombais. La jalousie, l'anxiété, le tourment
d'une passion inquiète, peut-être la surprise d'un
sentiment nouveau se mêlant peu à peu aux angoisses
et aux chagrins, tout cela donnait à la beauté d'Ermance quelque chose d'orageux, d'imprévu, de poétique, qui la rendait plus séduisante encore pour
mon imagination égarée. C'était bien là la femme
complète, la femme qui personnifiait pour moi tous
mes rêves, avec ses splendides accessoires de supério-
rité mondaine, de grandeur passionnée; et lorsqu'en
quittant Ermance, je retrouvais Delphine, lorsque,
l'esprit plein de ce regard de flamme, de ces réticences expressives, de ces brusqueries soudaines, de
toutes ces richesses idéales, tour à tour étalées et
voilées, prodiguées et reprises, je regardais le calme
visage, la beauté placide, l'intacte fraîcheur, l'imper-
turbable sourire de ma femme, il me semblait que je
descendais tout-à-coup des cimes pittoresques de

l'Oberland dans une plaine de la Beauce ou de la Brie.

Un soir, au mois de mars, j'étais allé chez madame Daubray, et je ne l'avais pas trouvée. Mécontent, ennuyé de l'idée de rentrer de trop bonne heure dans mon hôtel garni, je dirigeai au hasard ma course aventureuse; je traversai le Pont-Royal, la place du Carrousel, qui me rappelait ma première rencontre avec Ermance; je pris la rue Richelieu, et sans trop savoir où j'allais, j'arrivai à l'Opéra. On était aux derniers jours du carnaval, et, ce jour-là, il y avait bal masqué. Un marchand de billets, reconnaissant, à mon allure, que je ne savais trop que faire de mon temps, s'approcha de moi et m'offrit un billet pour ce bal qui serait, disait-il, le plus beau de la saison : j'acceptai machinalement, et bientôt me voilà au milieu de cette cohue.

Le bal était brillant, en effet; car il y avait une foule énorme, et l'on ne pouvait faire un pas sans se coudoyer. A peine entré, une tristesse indicible, un immense ennui s'empara de moi ; j'errais dans le

. grand foyer, regardant d'un œil distrait ces ombres noires ou roses qui s'accrochaient çà et là au bras des élégans de leur connaissance, des oisifs en quête d'une intrigue, ou des provinciaux qui croient encore aux rendez-vous donnés sous l'Horloge. Parmi ces dominos, la plupart vulgaires, et dont le pied et la main trahissaient d'ordinaire la qualité suspecte, je ne tardai pas à remarquer une femme aussi dépaysée que moi dans cette réunion de plaisir. Elle était seule, et ne répondait à aucune des provocations que lui adressaient les promeneurs ou les autres masques. Une agitation indicible se trahissait dans son attitude, dans sa démarche, dans les évolutions rapides avec lesquelles elle parcourait les corridors et le foyer, regardant à droite et à gauche, n'écoutant personne, ne s'arrêtant jamais. Attiré vers elle par un sentiment indéfinissable, je m'attachai à ses pas sans affectation, et j'observai quelques détails qui redoublèrent ma curiosité. Sa mise offrait de bizarres contrastes ; son pied mince et cambré était chaussé avec un soin extrême ; ses gants, d'une fraîcheur exquise, se moulaient sur une main d'une élégance aristocratique ; mais son domino de satin noir, frippé, chif-

fonné, mis de travers , semblait avoir été passé précipitamment sur sa robe. A la manière dont son
masque, qui descendait très bas, était attaché sur sa
figure, on eût dit que cette femme s'était masquée
ce soir-là pour la première fois. Lorsque je me rap-
prochais d'elle, ou qu'elle se tournait de mon côté,
j'apercevais , avec un frisson involontaire, sous son
capuchon soigneusement ramené, l'éclair de deux
paupières brunes et quelques boucles de cheveux
noirs égarées le long de ses joues.

Bientôt je m'aperçus qu'elle aussi me regardait,
et que, sans me prouver par aucun indice qu'elle
voulût être accostée ou suivie, elle s'arrangeait pour
ne pas me perdre de vue. Cette étrange guerre d'observation dura quelque temps. A la fin , la foule qui
encombrait le foyer s'éclaircit un peu ; les groupes
devinrent moins pressés , la circulation plus facile.
Fatiguée sans doute de sa soirée, la femme en domino
noir s'assit sur une banquette, et le mouvement de
son petit pied sur le parquet trahissait seul l'émotion
qui la torturait. Debout dans l'embrasure d'une porte,
je jetai sur elle un dernier regard , sans me rendre

compte du vague intérêt qu'elle m'avait inspiré , et je m'apprêtai à sortir du bal.

En ce moment, deux dominos, l'un de haute taille et de formes athlétiques , l'autre remarquable par la souplesse de sa démarche et la langueur câline de ses attitudes, entrèrent dans le foyer en se donnant le bras. L'homme s'inclinait vers sa gracieuse partner comme pour continuer une tendre causerie. Elle l'écoutait en se haussant un peu sur la pointe du pied et en levant à demi la tête, dans une pose pleine de coquetterie et de grâce. En même temps, mes yeux revinrent sur la femme que j'avais remarquée en entrant ; elle s'était levée , et, d'un signe , elle m'appela près d'elle.

Je m'approchai tout ému; elle passa son bras sous le mien, m'attira vers le corridor, et me dit d'une voix brève, qu'elle n'essayait pas même de déguiser :

— Ne cherchez pas; je suis madame Daubray...

— Vous ici !

— Oui; j'y suis venue parce que je savais qu'il y viendrait; j'ai voulu me convaincre de mon malheur; la certitude est moins affreuse que le doute...

— Et qu'avez-vous donc vu ?

— Quoi! vous ne le reconnaissez pas !... Au fait, vous n'êtes pas guidé, vous, par la jalousie qui me consume et qui, sous ces deux masques, m'a fait reconnaître le général Daubray et mon indigne rivale... Tenez, regardez !

Et, faisant un pas en arrière, elle me montra , à travers la porte vitrée, les deux dominos qui avaient paru depuis quelques minutes. Mis sur la voie par Ermance, je reconnus son mari dans cet homme d'une haute stature et d'une carrure militaire : sa compagne était une des danseuses célèbres de cette année-là.

— Mais regardez-les donc! répétait Ermance en me

serrant le bras à le briser... Oh! cet homme à qui j'ai tout sacrifié, mé trahir pour une sauteuse! Quelle humiliation! quelle honte! — Et elle portait son mouchoir à ses yeux, sans s'apercevoir que son masque l'empêchait d'essuyer ses larmes.

Nous nous promenâmes quelques minutes en silence, elle, trop oppressée pour pouvoir parler, moi fort embarrassé de mon rôle, et ne sachant pas si je devais me réjouir dans mon amour ou souffrir dans ma vanité.

Tout-à-coup, madame Daubray, quittant mon bras, se posa en face de moi, et, me bouleversant d'un regard que le masque rendait plus brillant encore, me dit avec un accent de passion dont frissonna tout mon être :

—Raymon, vous m'aimez !

C'était la première fois qu'elle m'appelait ainsi ; mon cœur bondit comme s'il allait éclater; en un instant, j'oubliai tout ce qui n'était pas Ermance, et,

cédant à cet entraînement d'imagination que je prenais pour la voix de mon cœur, je lui dépeignis, en
paroles enflammées, tout ce que j'avais rêvé, ressenti, espéré, souffert. La situation était romanesque ; elle s'accordait admirablement avec ma tournure d'esprit ; elle m'inspira, et je crois que je fus
éloquent.

— Oh! parlez! parlez toujours! que je connaisse
enfin l'amour véritable! murmurait Ermance de temps
à autre ; et, moi, fier et heureux de lui tenir un langage que Frédéric, je le savais, ne lui avait jamais
tenu, m'exaltant, m'enivrant moi-même de ces expressions passionnées qui débordaient de mes lèvres, je donnai à madame Daubray, pendant cette
heure rapide, le plaisir délicat d'être aimée par un
poète.

Peut-être mon exaltation l'avait-elle gagnée; peutêtre la jalousie l'égarait-elle. Le fait est que, mettant
une main sur ma bouche, comme si elle se sentait
brûlée par le feu de mes paroles, elle me dit à voix
basse :

Raymon, si tu le veux, que rien ne nous sépare plus!... Dérobons-nous à ce monde où les cœurs sensibles ne trouvent que souffrances et amertumes... Allons chercher une solitude où s'effacent les souvenirs, où tombent les barrières!.. Partons, fuyons ensemble !

L'étourdissement du bal, les scènes successives qui venaient de se passer sous mes yeux, l'ivresse où je m'étais plongé moi-même par mes déclarations passionnées, ce lointain mirage d'amour, de bonheur romanesque, cette chimère long-temps caressée et qu'il dépendait de moi de saisir, tout, en ce moment, me frappait de vertige ; je saisis avec transport la main de madame Daubray, et je lui dis : « Oui, fuyons!

— Mais alors, tout de suite ! reprit-elle emportée par cette exaltation fébrile : tout de suite! que le jour, en se levant, ne me trouve plus à Paris! Que je ne revoie plus cet homme !... Non, non; Raymon, si tu m'aimes, empare-toi de ce moment comme de

ton bien! Ne me laisse pas réfléchir; laisse-toi aimer,
voilà tout!... Demain, je ne voudrais plus ; aujourd'hui, je te le répète , fuyons ensemble ! Sortons de
Paris dans une heure !

Alors, avec cette lucidité bizarre, cette rapidité
d'intuition qui accompagne les résolutions extrêmes,
nous arrangeâmes ce projet insensé. Il n'était encore
que minuit, et madame Daubray ne doutait pas que
son mari ne restât au bal jusqu'au matin. Il fut convenu qu'elle irait m'attendre chez elle ; que je me
procurerais à la hâte une voiture et des chevaux de
louage qui nous conduiraient jusqu'au premier relais. Elle était sûre de sa femme de chambre ; elle ferait, avec son aide, les paquets indispensables, ne
voulant emporter que le strict nécessaire. Pendant
ce temps, j'irais chez moi; je rassemblerais les habits, le linge, l'argent dont j'avais besoin. Une fois
que tout serait prêt, je ferais conduire la voiture à
l'angle de la rue Bellechasse , et je viendrais, sous
les fenêtres de madame Daubray, fredonner l'air de
Cimarosa : *Pria che spunti!* Ce serait le signal; elle
descendrait; nous monterions en voiture; nous sor-

tirions de Paris par la barrière de Charenton , et nous irions en Italie.

Notre plan bien tracé , nous fûmes vite hors de l'Opéra; j'accompagnai Ermance jusqu'à son hôtel; puis je revins d'un pas rapide; l'air de la nuit apportait quelque fraîcheur à mon front brûlant; mais la fièvre de mon âme ne se calmait pas. Toute volonté, toute réflexion était suspendue en moi ; j'agissais, comme dans un rêve, obéissant à une force mystérieuse qui me poussait en avant.

A quelques minutes de ma porte, était un loueur de voitures, qui restait sur pied toute la nuit à cause des jours gras. Je fis marché avec lui ; l'argent aplanit tout. Il me céda une berline de voyage , et consentit, pour quelques louis, à me louer deux chevaux qui me conduiraient jusqu'au premier relais, et que le cocher lui ramènerait. Je lui dis qu'il me fallait le tout dans une demi-heure. Je courus ensuite chez moi; m'enfermer dans ma chambre, remplir ma malle des premiers objets qui me tombèrent sous la main , réunir quelques bijoux que je pensai pouvoir m'être utiles , fut l'affaire d'un instant. Mon passeport, où j'étais inscrit avec ma femme , pouvait me servir pour Ermance et pour moi. Je regardai de tous côtés comme un homme qui cherche s'il n'a rien oublié, et je me souvins alors que mon argent et mes billets de banque. étaient dans la chambre de Delphine; l'intelligence parfaite avec laquelle elle diri- geait les dépenses , et mon insouciance d'artiste , nous avaient fait contracter cette habitude.

Je me dirigeai donc vers sa porte, en marchant sur la pointe des pieds; je l'entr'ouvris doucement, et j'entrai. Tout, dans cette chambre , respirait le calme et la pureté de la femme qui l'habitait ; la lai- deur du papier et des tentures disparaissait sous les grandes ombres que projetaient mon bougeoir et la veilleuse qui brûlait près de son lit ; ces lueurs in- certaines éclairaient seulement quelques gravures de piété que nous avions achetées pour Maleraygues , et que Delphine, en attendant, avait placées en face de son chevet. Un bénitier , formé de deux anges en- lacés et tenant dans leurs mains la conque bénie, était suspendu à son alcôve ; tout auprès , un ra-

meau de buis desséché, et un crucifix. Tout cela ne
m'apparaissait qu'à travers un voile, les ondulations
de la lumière répandant tour à tour l'ombre et la
clarté. Mais la veilleuse, immobile sous son enveloppe d'albâtre, concentrait sa pâle et douce lueur
sur Delphine endormie ; sa flamme discrète caressait
les harmonieux contours de ce frais visage, et donnait à ce sommeil pudique une grâce ineffable. Je
m'arrêtai au milieu de la chambre, comme si des fu-
mées d'ivresse se dissipaient tout-à-coup en moi. Je
contemplai ce front si pur, j'écoutai cette respiration
égale et paisible. Quelques minutes se passèrent ainsi ;
mais, quel que fût le jour nouveau qui se faisait
dans mon cœur, je me disais que j'étais allé trop
avant pour reculer, qu'Ermance m'attendait, qu'elle
me regarderait comme un lâche ; et déjà je m'approchais du bureau où l'argent était renfermé, lorsque, ramenant une fois encore mes yeux sur Delphine, je vis soudain un sourire d'une douceur céleste, le sourire d'un rêve envoyé par Dieu, passer
sur son visage et entr'ouvrir sa bouche vermeille :
en même temps, ses lèvres remuèrent, et, quoiqu'il
ne s'en exhalât qu'un imperceptible murmure, le

silence de cette heure me permit d'entendre ces mots :

—Raymon... Raymon... je crois que je suis...

Au moment où monsieur de Varni répétait ces paroles, son récit fut violemment interrompu par la voix lointaine du garde, qui nous criait du milieu d'un fourré :

—Le lièvre ! à vous le lièvre !

Nous nous jetâmes à la hâte sur nos fusils comme des écoliers pris en faute ; nous les mîmes en joue, un peu au hasard, pendant que le rare et peureux animal annoncé par le garde passait en effet à trente pas de nous ; nos quatre coups partirent presqu'en même temps ; mais le lièvre n'en courut que plus vite et ne tarda pas à disparaître dans un bouquet de pins.

—C'est du guignon ! dit froidement monsieur de

Varni ; voilà le premier que j'aperçois depuis un an.

Victor accourait en se lamentant sur notre maladresse.

La matinée était finie ; l'heure du dîner approchait ; il était temps de retourner au château ; nous en reprîmes humblement le chemin, nos chiens haletans et Victor grommelant derrière nous.

Nous arrivions aux dernières pentes douces qui unissent la colline à la plaine ; pour arriver à Maleraygues, nous n'avions plus qu'à parcourir une allée de châtaigniers qui conduisait jusqu'au bâtiment.

Au bout de cette allée, nous aperçûmes Delphine qui venait à notre rencontre, et son bel enfant qui la précédait de quelques pas, en courant de toute la force de ses jambes de trois ans.

—Monsieur le vicomte, demandai-je à demi-voix à Raymon, vous n'avez pas achevé de me dire ce que madame de Varni avait murmuré dans son sommeil?

Au lieu de me répondre, Raymon me montra son enfant, qui n'était plus qu'à quelques pas de nous, et qui nous tendait ses petites mains avec des cris de joie.

—Voilà, me dit-il en prenant Charles dans ses bras, voilà ce que l'ange du sommeil lui avait permis de m'annoncer dans son rêve; et voilà ce qui m'a sauvé !

Delphine arrivait; elle nous tendit la main, et nous nous acheminâmes tous ensemble vers Male-raygues.

— Et madame Daubray? dis-je tout bas à Raymon.

—Elle soigne son mari, perclus de rhumatismes, me répondit-il en souriant.

—Messieurs ! nous dit madame de Varni au moment où nous touchions à la grille, vous ne me parlez pas de votre chasse?

—C'est que nous n'avons chassé qu'aux chimères, répliqua gaîment Raymon sans que Delphine le comprît ou s'en inquiétât.

—Je ne sais pas ce que c'est que ce gibier-là, dit le garde qui marchait toujours derrière nous ; mais si ces messieurs ne s'y entendent pas mieux qu'à la chasse aux lièvres, ils ne doivent pas en rapporter de quoi faire tourner la broche !

LE DERNIER MOT.

IV.

La lecture des trois derniers chapitres de ces Mémoires avait occupé trois soirées ; le 9 octobre au
soir, maître Calixte Ermel voyant approcher le moment où il pourrait tout dire à Charles de Varni,
avait pris ses précautions pour pouvoir rester auprès
de lui jusqu'à minuit. Usant de son influence sur

M. Denis Beaucanteuil qui, au fond, l'aimait beaucoup, et, comme tous les hommes bons et bornés, ne demandait pas mieux que d'être mené pourvu qu'il gardât les honneurs du commandement, notre ami le notaire prit le parti de demander quelques minutes d'entretien au respectable adjoint ; et là, sans lui rien dire qui eût trait à cette histoire, il lui affirma, sur le vieil honneur des Ermel, que le voyageur suspect, provisoirement mis en prison, était bien réellement le vicomte Charles de Varni ; il ajouta qu'une raison particulière, de la plus haute gravité, lui avait fait désirer que Charles, qu'il chérissait comme un fils, fût momentanément à l'abri d'un danger terrible qui cesserait pour lui dans la nuit du 9 au 10 ; qu'en conséquence, il conjurait Beaucanteuil, non pas de faire élargir M. de Varni, qui *devait* encore rester en prison jusqu'au lendemain matin, mais de l'autoriser, lui, Calixte Ermel, à prolonger cette dernière soirée auprès du prisonnier, jusqu'au-delà de l'heure ordinaire. Beaucanteuil fut digne et grand dans cette circonstance. Bien qu'il mourût d'envie d'en savoir davantage, et qu'il entrevît dans les demi-révélations du notaire de quoi défrayer un grand mois de curiosité, il se contenta de dire, comme le gendarme des *Saltimbanques* : « Il n'y a pas de politique ? » Puis, sur l'assurance réitérée que lui donna Calixte, il lui abandonna la conclusion de toute cette affaire et la propriété exclusive du prisonnier.

En racontant à Charles la *Chasse aux chimères*, maître Ermel s'était arrangé pour que son récit, commencé un peu plus tard que les autres soirs, le conduisît à peu près jusqu'à minuit ; en effet, à peine avait-il fermé son dernier cahier et livré un instant M. de Varni à ses réflexions, que le premier coup de minuit sonna à l'horloge de Jacquemart, et retentit dans le cœur du notaire comme le dernier écho du passé s'éteignant à jamais dans le silence et dans l'ombre. Ce premier son vibrait encore à travers l'espace, que, par un mouvement soudain, Calixte Ermel se jeta aux pieds de Charles de Varni :

— Je devine tout, lui dit celui-ci en lui tendant les bras : relevez-vous, mon ami ; je vous pardonne.

— Non, vous ne savez pas tout, reprit Calixte gardant son attitude suppliante et éclatant en sanglots : vous ne savez pas tout : car, dans ce récit que je viens de finir, vous avez vu le vicomte Raymon de Varni, votre père, rendu au bonheur, au repos, aux joies pures du foyer domestique; pendant les quelques jours que je passai avec lui, je pus me convaincre qu'en permettant que Delphine endormie révélât à son mari, au milieu des visions d'un doux rêve, ses espérances de grossesse, Dieu avait fait pour l'imagination égarée de Raymon ce qu'il fit pour l'âme ardente de saint Paul sur la route de Damas; qu'à dater de cette heure décisive, rentré dans ce droit chemin au bout duquel on trouve, sinon de romanesques transports, au moins la paix du cœur et de la conscience, M. de Varni n'avait pas tardé à sentir son âme malade s'assainir peu à peu dans cette pratique du devoir qui porte avec elle sa récompense, et devient à la longue, non seulement la source de mille plaisirs imprévus, mais une joie intime, immense, permanente, répandue sur les vulgarités de la vie réelle, comme ces rayons de soleil qui donnent la couleur et la vie aux plus ternes

paysages. Voilà ce que je pus reconnaître pendant
ces rapides journées. Le charme de cet intérieur,
la franche gaîté de Raymon, le reflet de chaste bonheur brillant sur les joues vermeilles de Delphine,
le contentement ineffable que jetait sans cesse entre
eux la présence de leur enfant bien-aimé, tout me
prouva que M. de Varni était sauvé, que le péril
d'une union inégale avait cessé d'exister pour lui,
que, cette fois du moins, la bonté du ciel avait cassé
le testament de Maria et déjoué le plan combiné
par ses tristes légataires pour rendre Raymon malheureux.

J'avais compté sans Jérôme Rioux, ou, si vous
voulez, Jérôme d'Arrioules...

— Pas un mot de plus ! s'écria Charles de Varni
en arrêtant de sa main, sur les lèvres de Calixte, la
continuation de ce dernier aveu ; seul au monde,
entouré de dangers, poursuivi par une haine qui ne
s'arrêtera peut-être pas au terme fixé dans ce testament horrible, j'ai besoin de garder au moins un

ami.... Calixte, vous voulez bien, n'est-ce pas que je vous aime toujours ?

— Oh ! Monsieur le vicomte ! répondit le notaire en saisissant les mains de Charles, et en les mouillant de ses pleurs.

— Eh bien ! moi aussi, je veux pouvoir vous aimer, et, par conséquent, je veux que vous terminiez là ce récit, dont je ne dois pas entendre la dernière page. Je sais que mon père est mort l'année suivante ; qu'il a été tué dans une partie de chasse ; que sa mort, attribuée à un simple accident, a rendu ma pauvre mère folle de douleur, et que bientôt, hélas ! elle l'a suivi dans la tombe... Je n'en veux pas savoir davantage. Que la main invisible qui a frappé mon père soit celle de Jérôme d'Arrioules, de l'implacable fils de Claude Rioux, je ne puis plus en douter aujourd'hui que vous m'avez déroulé toute cette histoire ; que Jérôme ait été présenté à M. de Varni par un homme... en qui M. de Varni avait confiance ; que, pour triompher des scrupules de cet homme, il ait évoqué les souvenirs d'Hyères, de

Maria et de Claude, évoqué ce serment héréditaire auquel les Ermel étaient rivés aussi bien que les Rioux, voilà ce que je veux toujours ignorer. D'ailleurs, si j'ai bien saisi les caractères et les passions indomptables de cette race acharnée à la perte de ma famille, le refus de l'homme dont je parle, sa résistance à l'infernal ascendant de Jérôme n'aurait pas sauvé mon père. Son inflexible ennemi ne se serait pas découragé pour si peu. Quand même le crime eût dû apparaître au grand jour, quand même le meurtrier, au lieu d'espérer l'impunité et le mystère, eût eu à braver la justice des hommes et le supplice des assassins, je suis sûr qu'il n'en aurait pas moins poursuivi sa tâche, atteint sa victime, et, qu'à défaut des Combes d'Escanourgues, la première grande route lui eût paru bonne pour assassiner M. de Varni !

— Oh ! c'est Dieu, c'est le Dieu de clémence et de pardon qui a mis cette pensée dans votre âme, ces paroles sur vos lèvres ! murmura Calixte les mains jointes.

— Savez-vous bien, mon ami, reprit Charles avec

un affectueux sourire, qu'en ma qualité de dilet-
tante en matière de roman et d'histoire (deux mots
qui se ressemblent souvent), je ne perdais pas tout-à-
fait mon temps dans l'intervalle de vos visites, et
qu'en rapprochant les circonstances, en plaçant en
regard le passé et le présent, j'arrivais facilement
à la conclusion suivante : qu'au fond des Mémoires
du notaire, il y avait pour moi un danger à craindre,
une leçon à recueillir !

— Et aujourd'hui 10 octobre 1846, aujourd'hui
qu'expire cet horrible bail dont Maria a fixé elle-
même la durée, vous deviniez, n'est-ce pas? que ma
première pensée, mon premier mot, mon premier
geste, serait pour vous dire : Simon d'Arrioules, cet
homme dont vous avez fait, depuis dix ans, votre compagnon et votre ami, est le fils de Jérôme, le petit-fils
de Claude ; tout le mal que Claude a fait à l'aïeul et au
grand-père, tout le mal que Jérôme a fait au père, Simon a voulu le faire au fils ; mais la langue du notaire
est déliée, et Calixte Ermel ne le permettra pas !...

—Ah ! interrompit Charles de Varni avec une expression douloureuse ; vous me dites bien ce qu'est Simon d'Arrioules : mais Ottavia Belpérani ?

— Ottavia Belpérani est une fille perdue qui s'appelle Esther Goujon. Si vous étiez allé à Paris dans ces derniers temps, vous connaîtriez mieux cette étrange race de femmes dont la souveraineté scandaleuse est un des plus effrayans symptômes de notre époque. Ces femmes règnent à Paris. Idoles de l'élégance et du plaisir, divinités plâtrées dont le cœur seul est de marbre, elles voient à leurs pieds les élus de la naissance et de la fortune : ce qu'ils trouveraient trop beau pour leurs femmes ou leurs sœurs, ils le trouvent à peine suffisant pour assouvir le fugitif caprice de ces filles de Bohême qui sont nées dans une loge de portier et qui mourront sur un lit d'hôpital. Si le théâtre joue une nouveauté à laquelle s'attache la curiosité publique, c'est pour que ces créatures en aient la primeur et viennent, le premier soir, dans une avant-scène, leur front impassible penché sur un gros bouquet, apostiller de leurs mains impures le génie et la gloire du poète. Si Rossini ou Auber écrivent quelque mélodie charmante, c'est pour que le refrain en arrive, comme une brise embaumée, à l'oreille de ces femmes. Elles s'habillent à la mode de demain ; ce qu'une duchesse marchandera dans six mois, elles l'achèteront ce soir. Ce que n'obtient pas un amour chaste et dévoué, elles l'obtiennent par un regard, par un sourire. Pour elles, faire d'un bon ménage un enfer, d'un homme d'esprit un sot, d'un homme d'Etat un enfant, d'un millionnaire un mendiant, d'un imbécile un personnage, est l'affaire d'une soirée. Que de larmes elles ont fait répandre ! que d'adorables jeunes filles, mille fois plus belles que ces poupées au blanc de riz et à l'ambre, ont vu se détourner d'elles le regard de leurs fiancés, sans deviner pourquoi ce regard, troublé par le vice, ne pouvait plus les trouver belles ! Que de destinées perdues en un jour ! que de fortunes pillées en une heure ! que de hontes et de ruines forcées d'aller se cacher à l'ombre froide de quelque petite ville ou entre les mornes cloisons de quelque chétif emploi ! et cela, parce que Rosalinde a paru hier à l'Opéra avec des perles, et que Frisette veut y paraître aujourd'hui avec des diamans ! parce que Sténia avait hier, à son coupé, deux chevaux de six mille francs, et que Laurette veut avoir ce matin, à sa calèche, quatre chevaux de dix mille! parce qu'Aspasie a son boudoir tendu en brocatelle, et que Ninon veut avoir le sien en satin de Chine! ou plutôt parce que les hommes sont des lâches, des niais, des infirmes d'esprit et de cœur, qui ne savent aimer que ce qui les trompe ou les dompte, et qu'il suffit de connaître pour s'expliquer l'éternelle fortune des despotes et des courtisanes!

— Et Ottavia est une de ces femmes! reprit Charles en s'efforçant de retenir une larme qui perlait malgré lui au bord de ses paupières.

— Pas plus d'Ottavia que sur la main! répondit Calixte Ermiel; mais Esther Goujon; la plus dépravée, la plus dangereuse de ces filles du démon... Car, parmi elles, il en est qui se contentent de jouir, avec insouciance, de tout ce que leur prodigue le caprice ou la vanité; mais il y en a d'autres, et Esther est de celles-là, à qui il ne suffit pas d'être plus riches, plus fêtées, plus adorées que les honnêtes femmes, et qui cherchent sans cesse à se venger sur elles de ce mépris cousu de pourpre et d'or, contre lequel elles se débattent au milieu de leur fange splendide. Le monde leur donne tout, excepté l'estime, et ce seul refus les envenime et les arme contre la société tout entière. Condottieri en robes de soie, elles s'embusquent au tournant de tous les sentiers du vice, pour détrousser l'honneur des familles, le repos des maris, l'intimité des correspondances ! Elles aussi ont leur taxe des lettres, plus chère que celle de nos facteurs ; tant pour ce papier confidentiel qui prouve qu'Aristide a vendu sa conscience ; tant pour ce bulletin de police d'où il résulte que Caton fréquente une maison suspecte ; tant pour cette page trempée de larmes qui donne à penser que Cornélie a eu son jour de faiblesse ! Vous le voyez, ces femmes ont deux industries : elles spéculent à la fois sur leur ignominie et sur celle de leurs adorateurs ; et l'on ne sait en vérité laquelle de ces deux sources de lucre est la plus inépuisable. Voilà, monsieur le vicomte, ce qu'est Esther Goujon ; la regrettez-vous encore ?

— Ah ! ce n'est pas elle que je regrette ! s'écria

Charles d'un air de profonde tristesse; ce n'est pas la femme que vous me dépeignez; c'est celle que j'aimais! Pour moi Ottavia existe. Cette vision charmante qui m'est apparue dans la solitude de mon cœur, cette mélancolique héroïne de mon roman, je la détache encore de la créature avilie qui se cachait sous ces traits; je la vois, telle que mon mauvais génie me l'a fait connaître, animant de son regard doux et voilé les sublimes paysages de l'Oberland, ses beaux cheveux se déroulant aux brises matinales, et venant, dans l'étroit sentier des montagnes où nous marchions côte à côte, caresser de leurs tresses soyeuses mon front humide de sueur! Je la vois, gravissant avec une audace virile ces pics à demi perdus dans la neige, et, le soir, quand nous redescendions dans les fraîches vallées, mirant son poétique visage dans l'onde limpide des lacs, répétant, de sa voix mélodieuse, le refrain du guide ou du pâtre! Ah! oui, cette vision est toujours là; ce rêve n'est pas effacé; je ne connais pas Esther Goujon, je ne puis me résoudre à voir disparaître et se fondre dans cette image méprisable l'Ottavia que j'ai aimée. Celle-là, pendant que vous me parliez, vient de mourir pour mon cœur;

ce n'est pas une courtisane que je regrette, c'est une morte que je pleure !

Et, incapable de résister plus long-temps à sa douleur, M. de Varni retomba sur sa chaise, laissant couler ces larmes qu'il avait long-temps retenues.

Calixte Ermel le regarda pendant quelques minutes, sans troubler ce douloureux silence; puis, lui prenant la main avec une déférence affectueuse :

— Monsieur le vicomte, lui dit-il doucement, songez que vous n'avez pas trente ans encore; qu'à votre âge, la perte d'un rêve, si doux qu'il soit, n'est point irréparable; que votre noble et malheureux père vous a donné l'exemple de ce que pouvait, contre les entraînemens d'une imagination romanesque, le sentiment sincère des vrais devoirs de la vie.

— Eh bien ! je me soumets, reprit Charles en essayant de sortir de son abattement; mais comment remplir le vide affreux qui vient tout-à-coup de se faire en moi? Comment remplacer l'idéale image qu'il me faut arracher de son cadre pour la déchirer dans la boue?

— L'homme, répondit le notaire dont la parole prit un accent d'autorité, peut tout utiliser en ce monde, même la douleur : il n'y a pas un vide de cœur qu'il ne puisse combler, et personne n'a le droit de parler d'irréparable tant qu'il y a du bien à faire, des malheureux à consoler !

— Vous dites vrai, mon ami, j'en suis sûr; mais je n'avais jamais réfléchi à tout cela ; je suis un bohémien honnête, dégagé, depuis mon enfance, des liens de la vie ordinaire. En fait de malheureux, je n'ai jamais connu que les mendians qui me demandaient *un petit sou*, les enfans déguenillés qui faisaient *la roue* à la portière des diligences, pendant que je traversais quelque village inconnu. La vraie charité, je le sens, je le devine, ne peut pas être accidentelle; il faut qu'elle repose sur cette communauté précieuse et durable, sur cette idéale fraternité qui s'établit entre l'homme riche, fixé dans un humble coin du monde, et les pauvres travailleurs que Dieu lui a donnés à protéger. Alors, il est doux de faire le bien, parce qu'on a vu naître, grandir, vieillir chacun de ceux que l'on console ; parce que ces traditions bienfaisantes sont une partie du patrimoine ; parce que le bienfait n'est plus le don machinal d'une pitié passagère, mais le lien d'une parenté mystérieuse, d'une grande famille groupée sous le regard de Dieu.... Ah ! oui, sur cette route bénie, il doit y avoir d'autres émotions, d'autres bonheurs... Mais moi, je ne la connais pas ; je ne tiens à rien ; je suis seul au monde ; et, excepté vous que je quitterai demain, personne ne peut plus me rattacher à la vie par un sentiment, un devoir, une tristesse ou une joie.

— Et pourquoi me quitter demain ? reprit Calixte Ermel ; veuillez m'écouter un instant encore : à dater d'aujourd'hui, votre vie change de face ; tant que nous avons été, vous et moi, sous le poids de cette succession terrible qui, en vous menaçant de malheurs héréditaires, me mettait aux ordres de votre persécuteur, j'ai dû ne rien négliger pour briser tous les liens qui vous eussent ramené dans ce pays, où votre famille avait tant souffert. J'ai favorisé de tout

mon pouvoir ces goûts d'indépendance et de voyages,
qui me semblaient propres à vous dérober à votre
fatale destinée. Jugez de mon désespoir, lorsque j'ai
vu paraître Simon d'Arrioules, que j'ai appris votre
arrivée, et que, par une combinaison diabolique, j'ai
vu ce nouvel abîme se creuser sous nos pas, au moment même où nous touchions au terme, où j'allais
devenir libre de déchirer enfin et d'anéantir ce pacte
qui nous condamnait tous deux, vous comme victime,
moi comme esclave ! Grâce au ciel et à mon ami
Beaucanteuil, ce digne adjoint qui s'est trouvé là
tout à point pour vous faire mettre en prison, j'ai pu,
sans désobéir à Simon d'Arrioules, rester neutre entre Beaucanteuil et vous, vous laisser gémir sous les
verrous jusqu'au jour de la délivrance, et détourner
ce dernier péril. A présent, Dieu merci ! nous échap-
pons tous deux à cette situation cruelle qui ne me
permettait de vous donner d'autre preuve de mon
amitié qu'en vous éloignant de moi ; et, si vous voulez bien me garder cette amitié précieuse, si vous consentez à m'accepter pour conseil et pour guide... oh !
Monsieur le vicomte, avec quel dévoûment va se
donner à vous le pauvre notaire ! Il a tant à réparer !

son seul vœu, son seul bonheur, sa dernière joie serait de jeter dans votre existence autant de beaux
jours qu'il y a de pages sombres dans ce passé dé-
testé ! Oui, que Dieu me permette d'assouvir enfin
ce besoin de vous aimer, de vous rendre heureux,
qui m'a torturé si long-temps ! Qu'il me permette de
vous servir autant de fois que j'ai prié pour vous ; et
je mourrai consolé !

—Merci, mon ami, répondit Charles en pressant les
mains du notaire dans une cordiale étreinte ; merci !
j'accepte votre affection comme mon égide et mon
espérance en ce monde. Dites-moi donc ce qu'il faut
que je fasse ; et, quoique je sois, je le crains, un bien
faible écolier dans la science du sens commun, je
vous réponds du moins de ma bonne volonté.

— D'abord, reprit Calixte, Ermel, je veux vous
prier de prendre une connaissance exacte de votre
fortune ; j'ai apporté tous les papiers, tous les titres
qui s'y rapportent. Je crois que ni vous ni moi,
après les émotions de cette soirée, n'avons grande
envie de dormir, et Beaucanteuil m'a permis de res-

ter auprès de vous indéfiniment. Si vous y consentez, nous veillerons ensemble jusqu'au matin, et, au point du jour, nous sortirons tous deux de cette prison ; car vous devez bien penser, Monsieur le vicomte, que, maintenant que votre captivité m'est inutile, votre captivité va finir !

— Très bien ! mon ami ; je vous écoute.

Charles alluma un cigare ; le notaire déploya de nouvelles paperasses :

— Celles-ci, dit-il en souriant, sont de vrais mé-moires de notaire ; car ce sont des comptes d'arith-métique.

— Voyons, mon ami, suis-je bien riche ? demanda M. de Varni avec une rare insouciance.

— Ah ! reprit Calixte Ermel, la révolution, la grande , celle de 89, a malheureusement passé par-là. A cette époque, tout ce que votre famille possédait dans le Comtat avait été confisqué...

En 1822... après les derniers malheurs qui vous firent orphelin, je vendis le château et le domaine de Maleraygues, le Tavelay que nous avions réussi à sauver des griffes révolutionnaires ; plus, quelques terres éparpillées que vous possédiez aux bords du Rhône.

— Et vous avez tiré de tout cela?... fit M. de Varni avec la même indifférence.

—Huit cent mille francs... Les biens ne se vendaient pas alors comme ils se vendent aujourd'hui.

— Huit cent mille francs!..... Savez-vous bien que c'est magnifique? s'écria Charles émerveillé ; mais, à ce compte, mon ami, et si l'arithmétique, comme dit Gil Blas, est une science certaine, j'aurais quelque chose comme quarante mille livres de rente!...

— Oh! vous avez un petit peu plus, répliqua modestement Calixte Ermel avec le sourire de l'homme heureux de rentrer dans sa spécialité. Premièrement, je ne vous ai pas toujours envoyé tout votre revenu ;

ensuite, j'ai pris, en 1826, du trois pour cent que
j'ai revendu au bon moment. Je crois aussi m'être
passablement tiré de la phase séduisante et périlleuse
des chemins de fer; j'ai eu du Marseille et de l'Or-
léans, que je viens de revendre avec un bénéfice pas-
sable... car ces chemins vont trop vîte; les fortunes,
publiques ou privées y sauteront tôt ou tard... Bref,
Monsieur le vicomte, ainsi qu'il résulte de mes livres,
que nous vérifierons à tête reposée, vous avez en ce
moment cent mille livres de rentes; un peu plus que
vos ancêtres n'ont jamais eu.

— Oh! mon ami, grâce, je suis ébloui! nous tour-
nons au père Grandet! au Monte-Christo!... mais,
bonté divine! que vais-je faire de tout cet argent?
Qu'il me serve du moins à me distraire! Qu'à défaut
du bonheur il me donne l'oubli! Voyons... je partirai
pour Paris; je ferai bâtir dans l'avenue lord Byron
un petit hôtel que j'arrangerai à ma guise : j'aura
une loge aux Italiens, des chevaux de course, mes
entrées dans les coulisses de l'Opéra; je donnerai à
dîner, deux fois par semaine, à des artistes, à des
causeurs, à des hommes d'esprit... Hélas! que dis-je

donc là, pauvre fou? Tout cela me rendra-t-il ce que
je perds? Que sont ces biens, cet éclat, ce bruit, ces
plaisirs? Pas même l'ombre du rêve qui s'envole ; pas
même la monnaie du trésor qui se détache de mon
cœur !

Pendant qu'il prononçait ces paroles, les yeux de
Charles rencontrèrent ceux de Calixte Ermel; celui-
ci le regardait d'un air attristé :

— Pardon . reprit alors M. de Varni ; voilà que
j'oublie déjà votre première leçon ; je vous parle de
distractions bruyantes , de plaisirs ruineux et décevans... il y a autre chose, n'est-ce pas? vous me
l'avez dit !...

— Oui, Monsieur le vicomte ! Je voudrais, par
exemple, vous voir racheter une de vos terres... non
pas le domaine de Maleraygues, peuplé de souvenirs
sinistres, et qui vient d'ailleurs d'être dépecé par la
bande noire, mais le Tavelay, cette habitation riante
qui n'a été le théâtre d'aucun des sombres épisodes
de cette histoire. Je sais que le propriétaire actuel

serait disposé à vendre, si on lui offrait des conditions avantageuses... et nous pouvons, sans inconvénient, dépenser là nos petites épargnes...

— Eh bien! soit ; achetons le Tavelay.

— Ce ne sera pas précisément ce qu'on appelle, entre gens du métier, une bonne affaire. Sur nos bords du Rhône, les terres ne rapportent pas ; elles coûtent. Ainsi, un mûrier d'une grosseur raisonnable revient à un louis avant de pouvoir nourrir une cinquantaine de ces *actives chrysalides* qu'a chantées Ecouchard-Lebrun, et qui sont sujettes à plus de maladies que n'en énumère M. Purgon; en outre, deux récoltes sur trois sont détruites par les gelées blanches. Le blé ne pousse jamais à l'endroit où on le sème ; en revanche, il y croit régulièrement de grosses herbes, bonnes à nettoyer les casseroles. Quant aux oliviers, c'est bien pis : Vous ne vous figurez pas ce qu'un propriétaire consciencieux dépense pour arriver à faire sa salade. Chaque pied d'olivier a droit à une pension viagère; tant pour le chausser en automne (et une paire de bottes vernies coûterait beaucoup moins); tant pour le déchausser au printemps; tant pour l'engrais; tant pour la cueillette, tant pour le moulin ; sans compter que, tous les dix ans, arrive un froid de dix degrés, qui tue tous les oliviers du pays : alors on recommence. Ajoutez à cela que, chaque année, au mois de novembre, le Rhône déborde, emporte la moitié des terres, déracine les trois quarts des arbres, crève presque toutes les digues, installe des lacs à travers champs, et qu'il vous faut, pour réparer tout cela, un peu plus d'argent que ne vous en rendront vos propriétés pendant un demi-siècle... A part ces légers inconvéniens, je vous assure, monsieur le vicomte, que l'état de propriétaire riverain du Rhône est rempli de délices ; seulement, il nécessite une seconde fortune, pour aider à supporter le fardeau de la première.

— Parbleu! mon ami, voilà un tableau qui me charme! moi qui suis passionné pour l'imprévu, je ne demande pas mieux que de goûter de ce paradoxe immobilier, d'être d'autant plus pauvre que je pos-

séderai plus de biens, et de me ruiner... par éco-
nomie !

— C'est donc bien convenu ; nous rachetons le
Tavelay... Ce n'est pas tout, Monsieur le vicomte ,
continua le notaire d'un ton plus grave; si vous pen-
sez, comme moi, que , pour adoucir un chagrin ,
rien n'est plus puissant et plus doux que de faire un
peu de bien, j'ai autre chose à vous proposer,

— Voyons, mon cher notaire, parlez : je suis tout
oreilles.

— Parmi ces capitaux considérables qui forment
en ce moment votre fortune, il y a une somme de
quatre-vingt mille francs que je m'accuse d'avoir
compromise , malgré toute ma sagesse. Ceci est encore un petit roman, qui mérite de vous être raconté. J'avais un ami, plus âgé que moi de quelques
années, négociant à Saint-Tropez. Il s'appelait Lazare Dunoyer. Lazare était d'une probité, d'une intelligence commerciale , reconnues dans toute la
Provence ; en 1841, un de ses voisins, ancien capi-

taine de marine marchande , mourut en lui recom-
mandant sa fille unique, Ludovise , alors âgée de
dix-sept ans à peine. Ludovise était belle , pieuse ,
d'un caractère et d'un esprit charmant ; et , bien que
mon ami Lazare eût quarante ans de plus qu'elle , il
ne tarda pas à l'aimer un peu trop pour un quin-
quagénaire, voué aux colzas et aux comptes en partie
double. Je fis, à cette époque , un petit voyage à
Saint-Tropez, et je trouvai Dunoyer en proie à une
perplexité terrible. Il venait d'éprouver plusieurs
pertes successives, à la suite desquelles il se trouvait
à découvert pour une somme de quatre-vingt mille
francs qu'il prévoyait ne pouvoir payer à l'échéance.
Son vieil honneur de négociant bouillait dans ses
veines à la seule idée de ce sinistre. Lazare avait
bien un parent qui , plein de confiance dans l'activité de mon ami, sûr qu'il se relèverait et redevien-
drait plus riche que jamais, offrait de lui prêter ces
quatre-vingt mille francs. Mais ce parent, qui était
avare et dont la famille était nombreuse , avait pris
ombrage de l'amitié de Dunoyer pour Ludovise ; il
exigeait que cette jeune fille fût immédiatement en-
voyée à Paris pour y être institutrice ou sous-maî-

tresse dans un pensionnat ; que Lazare s'engageât à
ne plus la revoir, et qu'il fît, en faveur de son cou-
sin, une donation de tous ses biens, présens, passés,
et à venir. Telle était la situation lorsque j'arrivai à
Saint-Tropez. Dunoyer me raconta ses peines ; il
m'avoua que son désespoir serait incurable, mortel,
s'il se voyait forcé de renoncer à Ludovise, à ce tar-
dif rayon d'amour et de joie qui promettait à sa
vieillesse une douce et consolante lueur. Je venais
justement de retirer du grand livre, avec un bénéfice
considérable, une inscription de quatre mille francs
de rente, faisant partie de votre fortune.... Je me
croyais sûr que, prêté à Lazare, cet argent serait en
bonnes mains ; je lui épargnais une douleur profonde ; j'assurais l'existence de la pauvre orphe-
line... Monsieur le vicomte, qu'auriez-vous fait à ma
place?

— Vous me le demandez ! j'aurais donné les
quatre-vingt mille francs, et cent mille en sus, s'il
l'avait fallu !

— Oh ! je ne fus pas tout-à-fait aussi magnifique !

reprit Calixte Ermel en souriant; mais enfin je prêtai, moyennant de bonnes sûretés, ce dont Lazare
avait besoin; et, quelques mois après, il épousa Ludovise. Hélas! ni notre argent ni son mariage ne lui
portèrent bonheur; malgré des prodiges d'activité,
de prévoyance, en dépit de toutes les chances favo-
rables, ses affaires sont allées de mal en pis, et Dunoyer est mort, l'an passé, consumé par cette lutte
inégale contre la mauvaise fortune...

— Et Ludovise?

— Sa conduite a été admirable; elle a commencé
par renoncer à tous les avantages que lui avait as-
suré Lazare dans son contrat de mariage; elle a
vendu, jusqu'au dernier, tous les bijoux qu'il lui
avait donnés en l'épousant. Les terres qu'il laissait
ont heureusement trouvé quelques riches acheteurs:
en un mot, tous les créanciers de la maison Dunoyer
ont été payés intégralement; vous seul ne l'êtes pas
encore; il reste à Ludovise une petite maison au
bord de la mer, qui lui vient de son père et où elle
s'est retirée depuis la mort de son mari. Cette mai-

son est modeste, mais charmante. Abritée contre le
vent du nord par une colline étagée en amphithéâtre
et toute constellée de grenadiers et de lentisques,
elle a vue sur le ciel et la mer, double azur uni à travers l'espace par les brumes de l'horizon. Grâce à
l'inaltérable douceur de la température, les orangers
et les citronniers croissent en pleine terre dans le
jardin. Quelques arpens de vignes festonnent le talus verdoyant qui domine cet humble toit, et un
palmier, hôte de cette heureuse rive, raye, de sa
flèche hardie, la nappe bleue de l'air et du ciel. Il
paraît qu'un vieil Anglais, millionnaire et spléenique,
s'est épris de cette habitation, et que Ludovise espère en retirer une somme équivalente à celle qu'elle
nous doit ; aussi s'apprête-t-elle à vendre ce gracieux
abri, et à partir pour Paris, où elle vivra de son remarquable talent de paysagiste ; mais, d'après ses
dernières lettres, j'ai cru m'apercevoir que ce ne
serait pas sans un sentiment douloureux, sans un vif
déchirement de cœur....

— Vite, mon ami, une plume ! s'écria M. de
Varni sincèrement ému.

— Que voulez-vous faire ?

— Vous allez le voir.

Et Charles écrivit sur une feuille de papier :

« Je soussigné reconnais avoir reçu de madame veuve Dunoyer la somme de quatre-vingt mille francs, pour solde entier et définitif, capital et intérêts, de ce qui m'était dû par la succession Lazare Dunoyer, dont quittance, à Avignon, le 10 octobre 1846. »

Charles se préparait à signer cette quittance et à la mettre sous enveloppe, lorsque Calixte Ermel, qui avait lu, par dessus son épaule, à mesure qu'il écrivait, lui prit la main, la serra et lui dit :

— C'est bien, c'est très bien ; mais madame Dunoyer n'acceptera pas.

M. de Varni le regarda un moment avec surprise, puis il lui dit en déchirant le papier :

— Ah ! c'est vrai, vous avez raison, toujours raison : c'est moi qui suis un brutal, ou plutôt un étourdi... Pauvre femme ! En voulant l'obliger, j'allais froisser toutes les délicatesses de son cœur !

Il réfléchit pendant quelques minutes, et il écrivit la lettre suivante :

« Madame,

« Si nous n'étions tous deux orphelins, si j'avais eu le bonheur de conserver ma mère, ou si la vôtre vivait encore, c'est au nom d'une de ces deux saintes femmes que je vous prierais de ne pas me refuser le service que je viens vous demander. Maître Calixte Ermel, mon ami et le vôtre, en me rendant compte d'une fortune qui me paraîtra bien embarrassante et bien lourde tant que je n'aurai personne avec qui la partager, me parle d'une créance qui établit entre nous quelques intérêts communs. Permettez-moi, je vous en supplie, de retarder d'un an la séparation de ces intérêts. Par suite de circonstances exceptionnelles, ma fortune est toute en capitaux, et je songe à acquérir, non pas un grand et orgueilleux château où je m'effraierais de ma solitude, mais un abri où je puisse me reposer lorsque je serai las des voyages et des agitations de ma vie. J'ai une passion pour les pays du Midi, surtout pour ceux que baigne la mer. Il me semble que la mer comprend toutes les tristesses, et que le soleil les adoucit toutes. Voulez-vous donc, à dater de ce moment, me regarder comme l'acquéreur de cette jolie habitation, voisine de Saint-Tropez, dont maître Ermel vient de me parler ? Je vous prierai seulement d'en rester locataire jusqu'au mois d'octobre prochain ; je ne pourrai l'habiter d'ici là, ayant à cœur un voyage en Amérique qui doit compléter mon Odyssée ; et vous comprendrez sans peine, j'en suis sûr, combien cette maison coquette et ce joli jardin *où les citronniers fleurissent*, perdraient à ne pas être habités pendant tout ce temps-là. Si vous me refusiez, je croirais que vous n'aimez pas ces belles fleurs, ces massifs embaumés, ces festons de goyaviers et de vignes qui dépériraient loin de vous. A mon retour, nous règlerons nos comptes, et nous verrons qui de nous

deux sera le créancier ou le débiteur. En attendant,
comme je suis aussi rigoureux que M. Vautour en
matière de loyer, voici ce que *j'exige* pour le vôtre :
vous me ferez quatre paysages représentant les sites
que vous aimez le mieux dans les environs de Saint-
Tropez ; et, pour que vous ne m'accusiez pas de
tricher, nous les ferons estimer par Paul Huet, qui
veut bien m'accorder quelque amitié, et dont j'espère que vous ne renierez pas la compétence.

» Je voudrais bien, Madame, ne pas terminer là
cette lettre.... Vous souflrez ; je ne suis pas heureux ;
si, dans cette communauté douloureuse, je pouvais
trouver le droit de ne pas être regardé par vous
comme un étranger, je crois que mes peines seraient
moins vives, et si je pouvais amoindrir les vôtres, il
me semble que je serais presque consolé... Mais ce
droit que j'usurpe pour un moment, rien, hélas
ne le justifie. Je suis pour vous un inconnu, indifférent si je me tais, ou importun si je parle... J'arrête donc ma plume, en me bornant à vous rappeler le principal ou plutôt l'unique sujet de ma lettre.
Vous savez, Madame, qu'il n'est pas de meilleure

consolatrice qu'une bonne œuvre : c'en est une que je vous demande ; oh ! ne me repoussez pas : autrement je croirais que votre douleur n'a pas pitié de ma tristesse, que votre isolement n'a pas pitié de ma solitude. Veuillez donc ne point m'accuser de présomption si je vous remercie d'avance, et si je réponds à votre bonté par le respectueux hommage de ma reconnaissance et de mon dévoûment.

» Vicomte CHARLES DE VARNI. »

— Est-ce mieux, cela ? dit Charles en présentant cette lettre à Calixte Ermel.

Le notaire la lut ; arrivé à la dernière ligne, il leva sur M. de Varni un affectueux regard où, à travers une vive expression d'attendrissement et de gratitude, on eût pu démêler peut-être quelque chose de semblable à une arrière-pensée malicieuse.

— Merci mille fois, Monsieur le vicomte ! reprit-il ; merci pour la mémoire de mon vieil ami Lazare ;

merci pour le repos de la pauvre Ludovise ! Maintenant, il me paraît impossible qu'elle vous refuse.

La nuit s'était écoulée pendant cette longue causerie ; déjà, à travers l'ogive de la petite fenêtre, on pouvait voir s'éteindre peu à peu les étoiles, et la blancheur lactée du matin remplacer dans le ciel le bleu sombre de la nuit.

— Monsieur le vicomte ! dit alors le notaire, n'êtes-vous pas d'avis que le soleil, en se levant, ne doit pas nous trouver en prison ? Profitons des permissions illimitées que m'a données Beaucanteuil. Ainsi, une bonne étrenne au geôlier, un coup de brosse à nos habits, et sortons !

Cinq minutes après, Calixte Ermel et Charles de Varni, après s'être mis en règle et avoir comblé de munificences le geôlier, peu accoutumé à des prisonniers millionnaires, descendaient ensemble la rampe en pente douce, ourlée de pins d'Alep et d'épicéas, qui conduit du rocher des Doms à la ville. Charles paraissait rêveur :

— Et vous dites, murmura-t-il, que Ludovise est jeune et belle ?

— Elle a vingt-deux ans, et elle est belle ! répondit Calixte Ermel.

Et il ajouta à voix basse avec un sourire de satisfaction :

— Décidément, chez les hommes d'imagination, les blessures ne sont pas sans remède ! Cette fois, du moins, si l'image de Ludovise effaçait celle d'Esther, le baume aurait autant de douceur que la blessure avait de venin !

LE RAYON.

V.

MADAME DUNOYER A M. LE VICOMTE CHARLES DE VARNI.

Saint-Tropez, le 20 octobre 1846.

Madame Dunoyer a l'honneur de remercier monsieur le vicomte de Varni de son offre obligeante ; elle en ressent vivement le prix ; mais elle a le regret de ne pouvoir accepter.

Elle espère terminer, d'ici à quelques jours, avec

lord Milwood, l'affaire de la vente de sa maison; quelques difficultés de détail subsistent encore; dès qu'elles seront aplanies, madame Dunoyer s'empressera de faire passer à monsieur de Varni le capital et l'intérêt de la somme qui lui est due par la succession Lazare Dunoyer.

Elle le prie, en attendant, d'agréer, avec l'expression de ses regrets, celle de sa reconnaissance et de sa haute considération.

LE VICOMTE CHARLES DE VARNI A MADAME DUNOYER.

Avignon, le 5 novembre 1846.

Madame,

Si vous aviez pu deviner la peine que me causerait votre lettre, je suis sûr que vous ne me l'auriez pas écrite ; je crois du moins ne l'avoir pas méritée. Ce que vous appelez une offre obligeante était une prière… oh ! une prière bien cordiale, bien sincère, bien fervente, celle d'un frère à une sœur ! Il m'eût été doux de songer que vous demeureriez, quelque temps encore, dans cette maison aimée des fleurs, de la mer et du soleil, dans cette maison qui vous est chère, où tout vous parle de vos parens, et où parfois quelque vague rêverie aurait pu vous parler aussi de moi, comme d'un ami lointain.

Cette habitation charmante m'aurait offert un abri;

l'abri de ma pensée et de mon cœur ! Je crois vous l'avoir dit, je suis sans famille, presque sans patrie : je n'ai qu'un ami, qui est aussi le vôtre, maître Calixte Ermel, et j'espérais que ce serait là, entre nous, un premier lien. Au milieu des hasards de la vie errante que je vais recommencer, j'aurais pu me souvenir qu'au bord de la mer, au penchant de vos collines embaumées, il y avait un toit paisible pour lequel je n'aurais pas été tout-à-fait étranger, une âme pure qui eût rattaché mon nom à une consolante image, une destinée mélancolique qui aurait gagné un peu de sérénité et de calme à être un moment en contact avec la mienne. Pour moi, qui ne tiens à rien, c'eût été là, dès aujourd'hui, l'ombre d'une patrie, d'un foyer, d'une amitié, d'une famille. Mon âme, altérée d'affection, se fût posée là, comme l'alcyon voyageur qui, ployant un instant ses ailes, se repose sur une de ces vagues qui se déroulent devant vos regards.

Vous ne l'avez pas voulu ; pourquoi ? je l'ignore. Pourquoi me préférer lord Milwood ? Vous, fille de marin, pouvez-vous bien avoir de ces prédilections pour la perfide Angleterre?... Voilà que je plaisante avec la tristesse dans l'âme... Ah! si je croyais que mes plaisanteries fussent mieux accueillies par vous que les témoignages d'une sympathie importune, je ferais tant que vous finiriez par sourire; à quoi bon? vous me repoussez; vous aimez mieux lord Milwood; vous êtes bien la maîtresse de disposer à votre gré de ce qui vous appartient, et je serais très ridicule d'y trouver à redire; hélas! je le suis peut-être déjà de persister à intervenir dans une existence qui veut me rester étrangère, à demander une affection qu'on me refuse, à offrir une amitié dont on ne se soucie pas.

Veuillez donc me pardonner et oublier l'indiscret qui a cherché à se rendre intéressant malgré vous. Dans quelques jours, je quitterai de nouveau Avignon, où maître Ermel me donne une aimable hospitalité. Mon premier essai pour me créer un lien, un sentiment et une asile, me réussit trop mal pour que je ne songe pas à rentrer au plus vite dans la vie nomade que j'ai menée jusqu'ici. Celui qu'on accueille et qu'on aime peut et doit rester sédentaire; celui à qui les cœurs se ferment n'a rien de mieux à à faire qu'à s'étourdir, en courant le monde, sur son isolement et son abandon. Pourtant, je voudrais que mes voyages fussent désormais moins stériles, qu'il s'y ajoutât une pensée plus sérieuse et plus noble ; je renonce donc aux forêts et aux savanes de l'Amérique, et je me dispose à partir pour Alger, où un de mes anciens camarades de collége, en garnison ici, m'assure que je trouverai facilement du service comme volontaire. J'avoue que cette nouvelle province française a toujours exercé sur mon imagination des séductions puissantes ; j'aimerai à y vivre moitié en soldat, moitié en touriste, mêlant aux hasards et aux périls de la guerre les émotions de cette belle nature d'Orient, si colorée et si puissante..... Mais, vraiment, je suis inexcusable !... Voilà que je vous parle encore de moi, de mes projets, de mes rêves... Et que vous importe? Peut-être qu'à l'heure où je vous écris, vous terminez avec lord Milwood. Veuillez donc encore une fois, Madame, excuser un pauvre fou qui ne vous importunera plus, et croyez bien, je vous en supplie, à mon respectueux et inaltérable dévoûment.

CHARLES DE VARNI.

MADAME DUNOYER AU VICOMTE CHARLES DE VARNI.

Saint-Tropez, le 15 novembre 1846.

Monsieur,

C'est moi qui suis coupable ; c'est moi qui me dénonce à vous comme une méchante femme ; votre lettre m'a fait rougir de moi-même et des mauvais sentimens qui avaient dicté mon refus ; ce refus, je le rétracte ; vous serez mon acquéreur ; je viens de congédier lord Milwood : l'Angleterre est battue par la France. En digne fille de Saint-Tropez, je ne pouvais faire moins pour l'honneur de notre pavillon.

Mais, si cette réparation tardive adoucit la peine que je vous ai causée, je vais vous adresser, en retour, une foule de demandes. D'abord, Monsieur, nous appellerons les choses par leur nom ; ma franchise provençale se révolte à l'idée de ce mensonge mondain et poli à l'aide duquel je passerais pour vous rendre un service, lorsque c'est vous, au con-

traire, qui m'obligez avec une délicatesse dont aucune nuance ne m'échappe, et dont mon cœur vous
sait gré ; je resterai donc votre locataire ; je ne quitterai pas cette maison que j'aime, où ma mère était
née, où mon père est mort, à laquelle m'attachent les
saintes images de la tombe et du berceau. Je ferai
même pour vous, et ce sera un plaisir de plus, les
tableaux que vous me demandez ; mais, en acceptant tout cela, il sera bien convenu que c'est vous qui
êtes le bienfaiteur, moi l'obligée, et que votre main
délicate, en réussissant à me donner cette joie, ne
réussit pas du moins à me donner le change. Ensuite,
Monsieur, vous renoncerez tout de suite à ce voyage
à Alger, et à ce projet d'engagement volontaire, qui
n'a pas le sens commun. Quoi ! à vingt-neuf ans, avec
une belle fortune et un beau nom, vous voilà passant
à l'état de conscrit, et ambitionnant l'honneur d'être
nommé soldat sur le champ de bataille ! Et les cinquante degrés de chaleur ! et les fièvres ! et les Ka-
biles ! et les coups de fusil attrapés, sans gloire, dans
une embuscade ! Tenez, je vous en dirais là-dessus
jusqu'à demain : l'autre soir, une felouque de l'Etat
a débarqué ici ; elle transportait des malades et des

blessés envoyés en congé dans leurs familles... Oh !
j'ai encore devant les yeux ces figures hâves, ces yeux
vitrés, ces fronts blêmes, cet air de découragement
et de détresse : mes larmes coulaient à la seule pensée des sœurs et des mères de ces malheureux jeunes
gens ; et si, dans le nombre, j'avais eu un frère, un
ami... N'en parlons plus, n'est-ce pas ? vous m'ac-
cordez encore ce second point, et vous restez dans le
civil. Enfin, voici ma troisième demande : vous ne
me questionnerez pas, vous ne chercherez pas à savoir pourquoi je vous ai refusé d'abord, pourquoi
ma première lettre a été si cérémonieuse et si sèche.
Accordez-moi cette grâce ; elle rendra plus doux et
plus complet le plaisir que j'ai à pouvoir rester dans
mon humble et riante maison. Vous le voyez, Monsieur, vous ne vous plaindrez plus de votre locataire;
car, pour consentir à accepter de vous une faveur,
elle vous en demande trois autres. Même, s'il est
vrai, comme vous me donnez envie de le croire, que
vous ne comptiez pas avec vos amis, je réclamerai
de vous, par dessus le marché, le droit de me dire
votre dévouée servante,

LUDOVISE DUNOYER.

CHARLES DE VARNI A MADAME DUNOYER.

Avignon, 23 novembre 1846.

Oh ! madame, que de bien m'a fait votre lettre !
Soyez mille fois remerciée et bénie, vous qui avez
une parole pour toutes les peines, un baume pour
toutes les blessures ! Maître Ermel me l'a bien dit,
vous êtes une de ces femmes d'élite, destinées à ré-
concilier avec le monde, avec les affections tendres
et douces, ceux que des chagrins et des mécomptes
ont fait douter des autres et d'eux-mêmes ! Près de
ces âmes exquises, les âmes froissées trouvent à se
ranimer et à guérir, comme, sous votre beau climat,
les plantes délicates trouvent la chaleur et la vie.
Merci encore ! votre lettre m'ouvre une nouvelle existence ; elle me donne ce qui me manquait jusqu'ici ;
je ne suis plus seul, je ne suis plus orphelin, je ne
suis plus déshérité de tout lien et de toute famille.
Pour moi, maître Ermel est presqu'un père, et ja-

mais il ne m'a été si cher que depuis qu'il m'a parlé de vous. Pauvre notaire ! si vous saviez de combien de questions je l'accable chaque soir, lorsqu'assis au coin de son feu, et les pieds sur les tisons, nous nous lançons dans de longues causeries ! Ces causeries sont toutes peuplées de vous ; involontairement, votre nom arrive sur mes lèvres ; Calixte me sourit avec complaisance, et alors !... nous voilà, comme la plume de madame de Sévigné, avec la bride sur le cou. Je ne puis me lasser de l'entendre rappeler tout ce qu'il y a en vous de bon et d'aimable, votre dévoûment à son vieil ami Lazare, votre courage au milieu des difficultés de cette succession, vos nombreux sacrifices pour conserver intact l'antique honneur de la maison Dunoyer, et, au milieu de tout cela, votre grâce souriante, votre esprit simple et charmant, vos talents, votre goût pour les arts, pour les mystérieuses harmonies du ciel et de la mer, pour tout ce qui élève et ennoblit l'âme. « Ludovise, me dit-il alors (oh ! pardon ! c'est lui qui parle !) est, après vous, la personne que j'aime le plus ; vous, comme mon fils, elle comme ma fille ! » Comment vous peindre, Madame, toute la diplomatie que je de-

ploie pour lui faire répéter cette phrase au moins
deux ou trois fois par soirée? Car alors il me semble
que vous êtes ma sœur!... ma sœur! oh! avec quel
charme divin j'écris ce nom, si pur et si doux que
tous les cœurs s'adoucissent et se purifient en le prononçant!

Pardon! ma plume court en avant de mes pensées ;
je l'arrête pour vous faire un aveu ; grondez-moi bien,
je le mérite, et tout m'est aimable venant de vous,
même vos reproches. Je ne sais pas pourquoi l'on
parle de la curiosité des filles d'Ève ; nous aussi, nous
sommes fils de cette commune mère, et nous avons
eu, je vous l'assure, une bonne part dans l'héritage.
Vous m'imposez une condition que je trouve bien
lourde : c'est de ne jamais vous demander le motif
de votre premier refus, de cette terrible lettre *à la
troisième personne* qui m'a rendu si malheureux. Savez-vous bien, Madame, qu'il y a là de quoi faire
trotter une imagination plus paisible que la mienne,
et que je suis tenté d'imiter cette petite fille à qui ses
parents, embarrassés de ses questions, avaient ordonné de n'en plus faire, et qui demanda *pourquoi*

il ne fallait pas demander *pourquoi?* Oui, Madame, je
vous avoue humblement que je me creuse la tête, depuis
huit jours, pour deviner à quel mystérieux motif je dois
attribuer ce changement soudain, la cérémonieuse
brièveté de votre première lettre et la délicieuse cordialité qui respire dans la seconde. J'ai beau chercher, ruminer, discourir avec moi-même ; je ne
trouve aucune réponse raisonnable. Ainsi donc, Madame, puisque nous sommes en train de conclure
des ventes, des achats, des locations et des marchés,
voulez-vous que nous transigions encore sur ce point?
Je souscrirai à toutes les autres conditions que vous
m'imposez : je ne partirai pas pour l'Afrique ; je me
résignerai au rôle officiel de bienfaiteur ; mais vous
me pardonnerez le mouvement de curiosité auquel je
cède en ce moment : vous qui êtes si gracieuse et si
bonne, ne faites rien à demi ; ne me laissez pas me
consumer dans mon ignorance ; dites-moi tout ; je
suis sûr que j'y trouverai une raison de vous aimer
davantage, de vous remercier avec plus de ferveur
encore, de me dire, avec plus d'entraînement et de
bonheur, votre tout dévoué.

CHARLES DE VARNI.

CHARLES DE VARNI A MADAME DUNOYER.

Avignon, 7 novembre 1846

Quinze grands jours, et pas un mot de vous ! Pas une ligne de réponse à la lettre où je vous remerciais de ce qui me rendait si heureux ! Que vous ai-je fait ? Vous ai-je déplu sans le vouloir ? Cette curiosité dont je n'ai pu retenir l'expression, vous a-t-elle offensée ? Vous repentez-vous déjà d'avoir laissé tomber sur mon isolement un rayon d'amitié et d'espoir ? Ah ! il fallait persister dans vos premiers refus ! Il ne fallait pas m'écrire cette page si affectueuse et si douce que j'ai relue tant de fois ! Il fallait me laisser partir, chercher, dans une vie nouvelle, la distraction et l'oubli ! L'oubli ! m'est-il possible maintenant ? Je ne vous connais pas, et pourtant votre image est sans cesse présente à ma pensée ; j'ai si souvent forcé maître Ermel à me faire votre portrait ! Grâce à lui, votre regard et votre sourire existent pour moi, comme si je vous avais vue déjà me sourire et me regarder !

Ce bien-là, vous ne pouvez plus me le reprendre, car
ce n'est pas vous qui me l'avez donné : pourquoi donc
me l'envier? Pourquoi vouloir que je retombe dans
cette solitude d'esprit et de cœur, si dangereuse et si
cruelle? Ma lettre était-elle indiscrète? Ai-je dépassé
les bornes de la reconnaissance et du respect? Som-
mes-nous donc soumis à cette déplorable stratégie
mondaine, à cette nécessité de chicaner sur les mots
et sur les syllabes, nous qui sommes affranchis de
tout lien, qui ne relevons que de notre conscience et
de Dieu? S'il en est ainsi, Madame, je n'ai qu'à vous
demander pardon; je vous avais mal jugée; j'avais
cru que vous liriez dans la sincérité de mon âme, et
que vous n'auriez rien à repousser là où je n'avais
rien à feindre! Qu'avais-je dit de si coupable?... Oh!
c'est vrai, je m'en souviens à présent; l'aimable nom
de sœur s'était glissé sous ma plume : c'était trop
exiger, n'est-ce pas? Une sœur est si indulgente et si
tendre! Aucune arrière-pensée ne l'arrête ou ne
l'effraie, lorsqu'il s'agit d'épargner un chagrin, de dé
tourner un péril : une sœur, c'est l'ange gardien visible, le gracieux intermédiaire entre la mère et l'é-
pouse, tenant de l'une par la bonté et le dévoûment,

de l'autre par la jeunesse et le charme. Si vous aviez
accepté cette place auprès de moi!... mais je le sens
maintenant ; rien ne justifiait cette ambition et cette
espérance. De quel droit voulais-je vous contraindre,
moi étranger et inconnu, à intervenir ainsi dans ma
vie? L'amitié s'obtient-elle de force? Le cœur n'est-
il pas libre de disposer, à son gré, de ses affections?
Oui, j'avais tort..... ne me punissez pas avec trop
de rigueur ; écrivez-moi seulement un mot pour me
dire que vous me pardonnez; un mot qui rompe ce
silence de glace, qui rétablisse entre nous un lien, si
léger qu'il soit! Ménagez ma pauvre tête, mon imagination toujours prête à courir les grands chemins!
Si vous l'exigez, je m'engagerai formellement à ne
plus troubler votre repos; je ne vous écrirai plus;
vous ne saurez plus si j'existe; je redeviendrai pour
vous l'inconnu d'il y a deux mois. Si, comme je le
crains, c'est là votre secret désir, si c'est pour moi
le seul moyen de ne pas vous déplaire, je m'y résignerai sans murmure ; mais ce dernier sacrifice mérite une récompense : oh! par pitié, accordez-la moi
en m'écrivant ces deux lignes que je réclame, ces deux
lignes qui me diront si je dois de nouveau me regar-

der comme tout-à-fait seul, comme tout-à-fait malheureux.

J'ai l'honneur d'être, Madame, avec le respect le plus profond, votre humble et dévoué serviteur,

CHARLES DE VARNI.

MADAME DUNOYER AU VICOMTE CHARLES DE VARNI.

J'envoie, Monsieur, à l'adresse de maître Calixte Ermel, à Avignon, le premier tableau que je viens de terminer pour vous. Soyez assez bon, je vous prie, pour m'en accuser réception, pour ne pas me garder rancune de mon silence, et pour croire aux sentimens sincères de votre dévouée servante.

LUDOVISE DUNOYER.

LE VICOMTE CHARLES DE VARNI A MADAME DUNOYER.

Avignon, le 22 décembre 1846.

Mais, Madame, ce tableau... non, je ne me trompe pas... ce n'est pas une vue de Saint-Tropez; c'est une vue de l'Oberland ! c'est la vallée de Lauter-brunn, prise du haut des pentes escarpées de la petite Shédeck ! Oui, je reconnais, à ne pouvoir m'y méprendre, tous les détails de cet admirable paysage : la cascade, le chalet, le mince et hardi sentier circulant à travers la montée rapide dont les plis le cachent et le découvrent tour à tour comme les tronçons d'un serpent coupé... et, au bas, ce groupe de voyageurs s'acheminant précipitamment vers le chalet, pour éviter l'orage qui s'amasse et se déchire aux pointes des montagnes : rien n'y manque; ce tableau fait partie de mes souvenirs, et, en le retrouvant sur cette toile, je me demande par quelle mystérieuse magie vous avez pris, dans mes impres-

sions de voyage, cette page à demi effacée déjà, pour
me la rendre vivante, colorée, splendide, baignée
dans les humides rayons d'une soirée d'été, rajeunie
par la puissance de votre pinceau !..... Au nom du
ciel, pourquoi avez-vous choisi ce site lointain, au
lieu de Saint-Tropez et de ses rives? Est-ce le hasard? Y a-t-il dans ce choix un but que j'ignore,
une allusion à un temps que j'oublie? Saviez-vous
que j'ai habité la Suisse, que j'ai parcouru ce sentier
de Lauterbrunn? Avez-vous voulu me causer un
plaisir, ou me donner une leçon? Qui êtes-vous?
quel est votre secret, vous qui évoquez le passé dont
on ne veut plus, vous qui fermez l'avenir auquel on
aspire? Je vous en conjure à genoux, ne me faites
pas trop long-temps attendre l'explication de cette
étrange énigme ; je le sens, je le sais, j'en suis sûr,
ma raison n'y résisterait pas! Voilà deux mois que
mon âme est remplie de vous ; vingt fois, depuis ce
temps, j'ai voulu partir, dire adieu à ce pauvre Calixte qui ne comprend rien à mes extravagances :
une force invincible me retient ; le pôle est à Saint-
Tropez ; mon âme y revient sans cesse, ramenée par
un irrésistible aimant.... Oh ! par pitié, dites-moi

tout; votre image m'a été salutaire; grâce à elle, grâce à vous, j'ai pu renoncer, sans déchirement et sans désespoir, à une illusion trompeuse que j'aurais cru ne pouvoir détacher de mon cœur qu'en le brisant; j'ai pu, après un récit horrible qui me montrait ma famille et ma jeunesse vouées à des malheurs héréditaires, me sentir renaître à une vie nouvelle... Voudriez-vous être à votre tour mon mauvais génie? J'ai assez souffert, j'ai eu assez à redouter de la méchanceté des hommes, des conditions fatales de ma destinée; soyez pour moi le rayon qui finit l'orage, et non pas l'éclair qui le continue. Je vous en prie, les mains jointes, dites-moi pourquoi vous avez choisi cette vue de l'Oberland; autrement, je croirais que vous prenez plaisir à l'anxiété qui me consume, à l'inquiétude qui me tue; je croirais que vous vous repentez du bien que vous m'avez fait, et que, par un raffinement inexplicable, vous n'avez voulu que me faire changer de désespoir, au lieu de consentir à me consoler.

CHARLES DE VARNI.

MADAME DUNOYER A CHARLES DE VARNI.

Saint-Tropez, le 30 décembre 1846.

Je le reconnais, Monsieur, la dissimulation est impossible à certaines âmes; elle leur va mal, elle leur porte malheur; coupables en y recourant, elles le sont encore lorsqu'elles veulent la réparer; c'est ce qui m'arrive aujourd'hui.

Vous n'êtes pas un inconnu pour moi. La santé de mon mari me força, l'an dernier, d'aller passer avec lui la saison des eaux à Uriage; une fois là, comme il ne se remettait pas, le médecin lui conseilla de faire un voyage en Suisse, au lieu de retourner directement à Saint-Tropez, où l'attendaient des préoccupations pénibles. Je l'accompagnai, et nous parcourûmes ensemble, plutôt en malades qu'en touristes, ces pittoresques contrées.

Mon mari était le plus excellent des hommes; mais, hélas! il portait déjà en lui le germe de la maladie

qui devait me l'enlever trois mois plus tard ; le mau-
vais état de ses affaires, les difficultés toujours croissantes contre lesquelles il luttait, et qui lui apparaissaient plus menaçantes à mesure qu'il restait plus
long-temps éloigné du logis, avaient en outre altéré
l'égalité de son humeur, et donné à son caractère
ces alternatives d'abattement et d'irritation, trop bien
connues de tous ceux qui ont eu à consoler des malheureux ou à soigner des malades. M. Dunoyer était
donc un triste compagnon de voyage pour une femme de vingt ans, un peu artiste, et qui, se trouvant
pour la première fois en face de cette belle nature,
eût voulu s'enivrer de grand air, de parfums alpestres, de brise, de verdure et de soleil. Dieu permit
cependant que moi, qui devais tant à M. Dunoyer,
qui lui avais voué une reconnaissance et une tendresse filiales, je n'eusse aucun mouvement de mauvaise humeur, et que, pendant tout ce voyage, aucun
autre sentiment ne dominât dans mon âme que l'ardent désir de ramener mon mari à Saint-Tropez,
consolé et guéri.

Une fois, cependant, une velléité de révolte dont

personne heureusement ne put se douter, se manifesta dans mon pauvre cœur. Nous étions arrivés, un soir, à Interlaken; mon mari, horriblement fatigué, voulut, par un caprice assez familier aux malades, être servi dans la salle commune ; on nous dit que nous souperions avec trois étrangers; et, en effet, nous trouvâmes, au coin de la cheminée, trois personnes : une femme et deux jeunes gens.

Cette femme était si belle et si élégante, que je me sentis, moi, pauvre bourgeoise de Provence, profondément humiliée en prenant place auprès d'elle ; parmi les deux jeunes gens, il y en avait un qu'elle appelait son frère ; l'autre... oh ! comment vous peindre, Monsieur, de quelle expression d'amour s'animait son visage, chaque fois qu'il tournait ses regards vers cette femme ! et, quand il lui parlait, quelle émotion, quel frémissement dans sa voix ! En ce moment, une bien mauvaise pensée s'empara de moi; je regardai mon mari, dont la figure, éteinte par les soucis et par l'âge, ne répondait plus à la bonté de son cœur; je le vis penché, avec une avidité maladive, sur son assiette, où j'étais obligée de lui dis-

puter les morceaux comme à un enfant... Je me dis
(oh ! Monsieur! combien il faut que j'aie confiance en
vous pour vous avouer ces pensées coupables!), je
me dis que, moi aussi, j'aurais pu épouser un homme d'un âge proportionné au mien, qui m'aurait
aimée, qui m'aurait regardée... comme vous regar-
diez cette femme! car c'était vous, Monsieur ; pourquoi chercherais-je à donner à ce simple récit ces
détours artificiels qui rendent l'intérêt plus vif eu
suspendant la curiosité? C'était vous. Quelques heures après, l'hôte m'apporta, selon l'usage, le registre où les voyageurs s'inscrivaient : j'y lus ces
trois noms tout fraîchement tracés : *la marquise Ottavia Belpérani ; Simon d'Arrioules ; le vicomte
Charles de Varni;* et je me rappelai qu'en vous par-
lant, votre compagnon vous avait appelé Charles; je
ne pouvais donc me tromper.

Votre nom éveilla en moi d'autres impressions:
comme, depuis deux ans, mon mari m'avait chargée
de la tenue de ses livres, et que j'étais d'ailleurs en
correspondance suivie avec maître Calixte Ermel, je
savais qu'il avait placé dans notre maison une som-

me considérable, faisant partie de votre fortune.
Vous étiez notre créancier... Quel bizarre dédale que
l'âme humaine ! je m'emparai de cette idée assurément bien secondaire; je m'y cramponnai, pour justifier le sentiment d'irritation que j'éprouvais en songeant à vous; je me persuadai que je ne vous en voulais que de cet argent, de cette créance dont vous
étiez, à coup sûr, bien innocent! Je découvris cent
raisons de vous trouver déplaisant; je calculai (et
tout cela en quelques minutes) que, puisque la belle
personne à qui vous parliez avec tant de passion ne
portait pas votre nom, et n'était par conséquent pas
votre femme, vous étiez probablement lancé dans
quelque pitoyable intrigue, ce qui annonçait un bien
pauvre esprit. En un instant, vous fûtes pour moi
un extravagant, un fat, un mauvais sujet... Sbrigani
s'était épris de M. de Pourceaugnac, à cause de la
grâce avec laquelle il mangeait son pain : je n'aurais
pas pu donner, pour expliquer mon antipathie subite, de meilleure raison que Sbrigani.

Je ne sais non plus à quelle singulière idée je cédai
en prenant la plume pour m'inscrire, à mon tour,

sur ce registre. Je ne voulus pas que, s'il retombait entre vos mains, si vous désiriez savoir avec qui vous aviez soupé, vous fussiez mis sur la trace d'un nom que des relations d'affaires pourraient replacer plus tard sous vos yeux : je ne voulus pas laisser subsister entre nous même ce fil imperceptible ; et je n'écrivis sur ce livre que mon nom de jeune fille : « Ludovise Gérard. »

Le lendemain, nous fîmes, mon mari, et moi, la course longue et classique d'Interlaken à Lauterbrunn. La maladie ayant miné ses forces, il parcourut cette distance sur un de ces chevaux de montagnes qui ont le pas si égal et si sûr. Moi, je suivais à pied, heureuse de marcher, de respirer, de vivre. Le temps était si beau, les rayons du matin se jouaient si bien à travers le paysage, que je me sentis peu à peu pénétrée par cette douce et balsamique influence. A mesure que je gravissais ces montagnes aux pentes fleuries, au front perdu dans l'azur, il me semblait que mon âme respirait des pensées meilleures, comme ma poitrine était vivifiée par un air plus pur. J'eus honte de moi-même, de ma mauvaise hu-

meur de la veille, des velléités de haine et de colère
que vous m'aviez inspirées. Je cherchai à en démêler
le motif, et je reconnus bientôt que notre dette n'y
était pour rien, que je vous en voulais de cet amour
que vous paraissiez ressentir pour une autre. Je compris combien j'avais été injuste et folle : envie, irritation, soupçons calomnieux, mécontentement de
mon sort, injustice envers mon mari, j'avais commis
toutes ces fautes en une seule ; je ressentis un re-
pentir sincère, et, pour être sûre de ne plus retom-
ber dans les mêmes torts, je me promis bien de ne
plus songer à vous.

Vers le milieu de la journée, mon mari se sentant
fatigué, nous entrâmes dans un chalet où il prit quelques heures de repos. J'en profitai pour fouiller dans
mon léger bagage d'artiste ; je m'emparai d'un car-
ton, d'un pliant et d'un crayon, et j'allai, quelques
centaines de pas plus loin, dessiner la vue de cette
magnifique vallée de Lauterbrunn ; je m'étais appuyée contre le tronc d'un gros chêne, sentinelle
avancée d'un massif de grands arbres qui couvraient
tout ce plateau, et, par leurs ombres vigoureusement

massées, faisaient paraître plus lumineux et plus limpides les fonds et les lointains. Mon travail commençait à m'absorber, lorsque j'entendis au-dessus de
moi, dans le sentier qui serpentait à travers ces arbres, des voix jeunes et joyeuses, parmi lesquelles je
distinguai la vôtre : je fus honteuse de sentir mon
crayon trembler dans mes doigts, et cette impression
pénible dont je me croyais délivrée, pénétrer de nouveau dans mon âme. Je vous rendis responsable de
cette *rechute* ; il me sembla que, si nos regards se
rencontraient en ce moment, vous me seriez odieux.
Je me cachai donc de mon mieux derrière le tronc
séculaire de mon chêne, et j'en fis une sorte d'ob-
servatoire d'où mes yeux se dirigèrent de votre côté.
Soit hasard, soit à dessein, le frère de madame Ottavia Belpérani avait couru en avant : vous étiez seul
avec elle; vous lui donniez le bras; il y eut un instant où son pied glissa sur ce sentier rapide ; je vous
vis pâlir, et, une seconde après, votre figure étincela
de plaisir, parce qu'obéissant à un léger mouvement
de frayeur, Ottavia s'était appuyée sur vous avec plus
d'abandon. Grâce à l'extrême pureté de l'air, j'entendais quelques-unes de vos paroles ; vous lui par-

liez avec tendresse, et elle répondait languissamment...
Quelques minutes après, je cessai de vous entendre,
mais je vous vis long-temps encore, sur le sentier
qui courait jusqu'à Lauterbrunn, vous, doucement
incliné vers elle ; elle, mollement appuyée sur vous...
Le soir, nous logeâmes dans la même auberge ; mais
je décidai mon mari à ne pas sortir de sa chambre ;
j'y passai la soirée auprès de lui ; le lendemain, avant
le jour, vous étiez partis dans une direction diffé-
rente, et nous ne nous sommes plus revus.

Maintenant, Monsieur, pardonnez-moi, je vous ai
tout dit, et probablement tout expliqué. Dans ma vie
simple, calme et triste, mais sans remords et sans
trouble, votre souvenir, par un singulier hasard, se
rattachait pour moi au seul moment de mon existence
où un sentiment dont je n'ai pas été maîtresse, et dont
j'ai reconnu l'absurde injustice, m'a rendue coupable envers Dieu, envers mon mari et envers moi-
même. Je sais bien qu'au fond vous n'y étiez pour
rien, et que tout homme jeune que j'aurais vu donnant, dans les mêmes circonstances, les mêmes mar-
ques d'amour à une femme jeune et belle, aurait

éveillé en moi la même impression de mécontentement, de contrariété et d'envie. Aussi, suis-je im-
-pardonnable d'associer ce souvenir au vôtre. Cette
prévention cependant a été assez forte pour me faire
refuser d'abord l'offre obligeante que renfermait votre
première lettre, et à laquelle vous aviez su donner
une forme si délicate. J'aimais mieux avoir affaire à
lord Milwood, à un étranger dont je ne connaîtrais
jamais que les bank's-notes, que devenir votre obligée et entrer en relations avec vous. Ensuite, j'ai
rougi de mon entêtement, de mon refus; je me le
suis reproché, surtout lorsque j'ai vu, par votre seconde lettre, que votre imagination (un peu trop
romanesque, permettez-moi de vous le dire!) prenait au tragique ma réponse négative, et que vous
alliez, peut-être par ma faute, tenter de nouvelles
aventures et courir de nouveaux périls. C'est alors
que je vous ai écrit pour vous dire que j'acceptais, et
pour vous prier en même temps de ne pas me demander pourquoi j'étais revenue, d'une façon si subite et si complète, sur ce malencontreux refus. Votre lettre n'a pas été tout-à-fait telle que je l'espérais,
que je la désirais... Je cherchais comment je devais

vous répondre ; et, pendant que je m'adressais cette
question, le temps s'écoulait. Vous m'avez écrit une
quatrième fois... il y avait plus d'exaltation dans vos
idées, plus de tristesse dans votre langage : je ne sais
comment cela s'est fait ; involontairement, j'ai repris dans mes cartons le croquis que j'avais rapporté
de la vallée de Lauterbrunn ; je m'étais promis de le
brûler ; je n'en avais pas eu le courage ; les auteurs
ont de ces faiblesses ! Pendant que je rêvais à la façon dont je devais vous répondre, ce croquis, se
transformant sous mes doigts, est devenu un tableau ;
je me suis souvenue que j'en avais quatre à faire
pour vous, en échange de mon année de loyer ; j'ai
pensé que celui-là serait le premier, qu'il n'était pas
trop mal réussi, et que vous aimeriez autant la vue
d'un paysage qui vous rappelait sans doute de doux
souvenirs, que celle d'un site inconnu qui ne dirait
rien, ni à votre mémoire, ni à votre cœur.

Voilà toute l'histoire, Monsieur, et j'ai honte qu'il
y en ait si long : j'ai voulu tout vous dire ; car rien
ne me pesait plus que ces déguisemens, ces détours
et ces réticences. Vous voyez que le tout est bien

simple, et que cette énigme sera moins meurtrière que celle du Sphinx. A présent, je vous adresserai à mon tour une dernière prière. Je suis une pauvre femme très simple, très bourgeoise, pour qui le premier bien, à défaut de bonheur, doit être la tranquillité et le calme. Vous vous direz sans doute qu'après avoir adouci, avec une si gracieuse obligeance, les tristes détails qui ont suivi pour moi la mort de M. Dunoyer, il serait mal à vous d'apporter dans mon existence un élément d'émotion et de trouble que je ne dois pas connaître. J'ai peu d'expérience ; mais il me semble qu'une femme de vingt-deux ans ne peut pas être sœur, par le cœur, d'un jeune homme de vingt-neuf, quand elle ne l'est pas par le sang ; ce sont là des illusions de roman, et, comme je n'en ai jamais lu, peut-être je m'en exagère la portée. Voici donc ma prière : vous m'écrirez encore une lettre bien courte et bien sage, pour me dire que vous me pardonnez toute cette pitoyable série de petites rancunes sans motif et de sottes réticences sans excuse. Ensuite, notre correspondance en restera là ; vous rentrerez dans le monde, non pas pour vous faire Spahis ou Bédouin,

mais pour y vivre selon votre rang, et vous créer
plus tard une famille de votre choix. L'homme n'est
pas plus fait pour voyager constamment dans le pays
des songes, que pour courir sans cesse les grandes
routes; pour être éternellement rêveur, que pour être
éternellement touriste. Revenez donc de bon cœur à
la vie positive; la réalité a ses devoirs et l'illusion
ses dangers.

Quant à moi, je ferai des vœux sincères pour
votre bonheur; je ne songerai à vous qu'avec une
vive reconnaissance pour ce temps de répit que je
passe dans ma chère maison de Saint-Tropez, et je
me dirai constamment, du fond de l'âme, votre dévouée servante,

LUDOVISE D.

CHARLES DE VARNI A MADAME LUDOVISE DUNOYER.

Avignon, 8 janvier 1847.

Oui, Madame, ma lettre sera courte; elle sera sage; car quelle sagesse plus grande que celle qui consiste à assurer le bonheur de sa vie?

Maître Calixte Ermel se charge de vous dire ce qu'était la marquise Ottavia Belpérani; moi, je n'en ai pas le courage, et il m'a semblé d'ailleurs qu'il y aurait pour votre regard et pour votre cœur quelque chose de moins blessant, à ce que ce nom et cette image fussent retracés par la plume du bon notaire que par la mienne.

Moi, voici ce que j'ajoute à sa lettre : je vous aime, et je vous demande, comme le seul bonheur que je puisse espérer en ce monde, de vouloir bien m'accorder votre main.

CHARLES DE VARNI.

MADAME DUNOYER A M. CHARLES DE VARNI.

Saint-Tropez, 17 janvier 1847.

Je vous l'ai déjà dit, Monsieur, je ne connais pas
le langage et le cérémonial de la vie mondaine ; j'i-
gnore comment une femme plus civilisée que moi
répondrait à votre démarche ; mais je me croirais
coupable de dissimulation et d'hypocrisie si je ne
vous disais pas qu'elle m'a causé une vive émotion, et
que j'en garde une reconnaissance profonde. Oui,
au milieu de mes soucis et de mes chagrins, à travers l'uniforme mélancolie d'une destinée que couvre
un voile de deuil et que j'ai vouée d'avance à la
médiocrité, à la résignation et au travail, ce sera
pour moi un doux souvenir que celui du moment où
un homme tel que vous m'a jugée digne d'être sa
compagne. Que le sentiment qui vous a dicté votre
lettre soit plus spontané que réfléchi ; que je doive y
voir l'élan d'une imagination romanesque plutôt que

l'infaillible instinct du cœur, j'aurais certainement
mauvaise grâce à vous chicaner là-dessus ; je ne dois
apprécier que la démarche en elle-même ; et elle est
assez honorable pour que je vous en remercie. Peut-
être ai-je tort de vous parler avec cette franchise ;
ce qui me rassure, c'est ce que je vais ajouter. Non,
Monsieur, je ne dois pas prendre au mot un entraînement dont vous vous repentiriez plus tard. Songez
qu'il ne s'agit pas cette fois d'une maison à vendre
ou à louer, mais de deux existences à fixer pour jamais. Songez qu'en acceptant je deviendrais responsable, non seulement de votre malheur si je ne réus-
sissais pas à vous rendre heureux, mais du mien si
je trouvais dans cette union des déceptions et des
larmes. Je sais bien que vous ne me reprocheriez jamais ni ma pauvreté, ni l'humilité de ma condition,
ni l'imprudent coup de tête qui nous aurait donnés
l'un à l'autre ; et pourtant, je le sens, pour me causer d'horribles souffrances, il suffirait d'un mot,
d'un geste, d'un nuage, d'une ombre qui trahirait
malgré vous-même ce qui se passerait en vous. Je
suis susceptible et fière comme toutes les personnes
qui, n'ayant pour noblesse qu'une certaine dignité

morale, craignent de la compromettre ou de la laisser offenser. Si je m'apercevais qu'une arrière-pensée de regret vînt peu à peu me dérober votre affection, je ne me pardonnerais pas de m'être confiée en elle, et chacun de mes remords creuserait un nouvel abîme entre nous. Je serais plus malheureuse que les femmes qui trouvent dans leur ménage des chagrins immérités; ceux-là, on doit avoir tant de plaisir à les pardonner! Mais souffrir par ma faute, être obligée à la fois de m'accuser et de douter de vous, ce serait un affreux supplice. Par pitié pour moi et pour vous-même, ne m'y exposez pas!

Cette lettre est déjà trop longue; je la résume en quelques lignes : vous êtes millionnaire, et je suis pauvre; vous portez un beau nom, et je suis une humble plébéienne. Enfin, dans la seule rencontre qui nous ait placés un moment en face l'un de l'autre, je vous ai vu et vous ne m'avez pas regardée. Que d'amour ne faudrait-il pas pour aplanir les deux premiers de ces obstacles, et comment, en songeant à la troisième de ces objections, croire à un amour sérieux et durable?

Quoi qu'il en soit, Monsieur, je veux finir cette lettre comme je l'ai commencée, en vous assurant que la vôtre m'a vivement émue, que, pour repousser la demande qu'elle contient, il m'a fallu réfléchir, et que ce refus, inspiré par une prévoyance dont vous me saurez gré plus tard, ne change rien à ma reconnaissance et à mon dévouement.

LUDOVISE D.

CHARLES DE VARNI A MADAME LUDOVISE DUNOYER.

Avignon, 27 janvier 1847.

M'accuserez-vous, Madame, d'une sagacité trop peu respectueuse si je réponds d'abord à ce que vous appelez votre troisième objection ? Nous nous sommes rencontrés une fois ; vous m'avez vu, et je ne vous ai pas regardée : voilà du moins ce que vous me dites. Eh bien ! Madame, détrompez-vous : notre rencontre à Interkalen était, au contraire, vivante dans mon souvenir. Vous savez aujourd'hui, par les révélations de maître Calixte Ermel, ce que c'était que cette idole, cette Ottavia Belpérani, dont j'étais alors occupé. Vous savez aussi par quel fatal enchaînement de circonstances j'avais été amené à croire que cette Ottavia était digne de mon affection. Mais ce que vous ne savez pas, ce que vous ne pouvez pas savoir (car je ne me l'explique à moi-même que depuis quelques jours), c'est le sentiment bizarre que j'éprouvai en vous voyant entrer dans la salle à manger d'Interlaken. Quoique rien ne pût me mettre sur la trace du plan diabolique de Simon, il m'arrivait souvent, auprès de sa prétendue sœur, de me demander si ces alternatives de coquetterie et de froideur, ces gradations habiles de langueur encourageante ou d'irritante réserve, n'étaient pas trop savantes, trop calculées, si un peu d'amour sincère pouvait se concilier avec tant d'art, et si je trouverais un bonheur sans mélange dans cette affection où l'azur touchait de si près à l'orage, le calme plat aux brises embaumées. Ces réflexious inquiétantes m'avaient justement assailli pendant toute la journée qui précéda le soir où je vous vis. Lorsque vous entrâtes dans cette salle, donnant le bras à ce pauvre sexagénaire, vieux par l'âge, par la souffrance et par le chagrin, il me sembla voir apparaître le génie du dévouement et de la bonté. Que je vous trouvai belle et touchante, dans vos simples vêtements de voyage! Avec quel attendrissement je remarquais les soins attentifs, les délicates prévenances dont vous entouriez votre pâle et débile compagnon! Un parallèle involontaire se présenta, en ce moment, à ma pensée ; avec cette rapidité d'impressions que je vous signale comme un de mes défauts, mais dont l'effet du moins était salutaire en cette circonstance, je vous comparai à la brillante Ottavia. Je me dis qu'il y avait, dans cette beauté timide, dans cet ensemble de simplicité et de grâce, des promesses de bonheur que j'avais tort peut-être d'attendre de cette femme au front superbe, qui semblait plutôt faite pour l'éclat, la vanité et le plaisir, que pour les joies intimes et les tendresses ignorées.—Oh! me disais-je, me mettre tout-à-coup à la place de ce vieillard morose et malade qu'elle ne peut aimer qu'à l'aide d'un perpétuel sacrifice ! à ce dévouement résigné, à cette tendresse filiale, substituer une tendresse plus douce et plus passionnée ; voir se ranimer peu à peu, sous le souffle d'un amour jeune comme elle, ce regard amorti par l'abnégation et la patience, ce beau front incliné sous le poids de mystérieux ennuis ! — Tel fut mon rêve, et je dois vous avouer avec la même franchise, qu'il ne dura qu'une minute. Ottavia me devina-t-elle? Son instinct de femme lui fit-il craindre la rivale que venait de lui donner ce rêve d'un moment? Je l'ignore : ce dont je me souviens, c'est qu'à l'instant ses manières envers moi changèrent. Pendant toute la journée, elle avait été froide, quinteuse, désespérante de coquetterie et de caprice. Ce soir-là, elle devint affectueuse et bonne; et, sa stratégie féminine déplaçant tout-à-coup les rôles, ce fut elle qui se montra soumise, tendre et triste; ce fut elle qui parut redouter de ne pas être assez sérieusement aimée, et qui, par cette nouvelle feinte, m'amena à redoubler d'éloquence et de passion.

Voilà, Madame, pourquoi, pendant le cours de cette soirée, vos regards purent surprendre, entre la fausse marquise et moi, une pantomime expressive dont mon cœur a trop de honte aujourd'hui pour qu'il ait besoin de vous en demander pardon. Voyez pourtant comme ces heures singulières, qui semblaient élever une barrière entre nous, nous unissaient en même temps par d'imperceptibles liens ! Pendant que vous ressentiez contre moi un mouvement d'irritation et de mauvaise humeur dont je suis tenté de me réjouir, je vous remerciais intérieurement d'avoir, par votre seule présence, provoqué ce changement dans les manières d'Ottavia, et forcé presque

cette fière souveraine à douter de sa toute-puis-
sance... Que vous aviez raison de parler de cet
étrange dédale qu'on appelle le cœur de l'homme !
Assurément, je n'étais amoureux que d'Ottavia ; et
cependant je n'étais pas fâché qu'elle vous trouvât assez redoutable pour que son repos en fût troublé, et
pour qu'elle s'efforçât de me faire croire à son amour,
au lieu de se montrer si sûre du mien. Ainsi, vous ne
cessiez pas de m'être présente, au milieu même des
pensées qui me ramenaient à ma séduisante compagne ; mon âme ressemblait à ces ondes agitées où
se confondent et se mêlent les images qui s'y réflé-
chissent.

Quelques heures après, lorsque je fus seul dans ma
chambre et que je voulus recueillir les impressions
de cette soirée, je vous y retrouvai encore. Abandon-
né à moi-même, délivré de l'espèce de fascination
qu'Ottavia exerçait sur moi, je fus de nouveau frappé du contraste qui me la montrait insouciante et
splendide comme une fête, tandis que vous m'appa-
raissiez, dans un repli caché de mon cœur, suave et
douce comme ces fleurs qui ne se révèlent que par

leur parfum. Pour calmer l'agitation de mon esprit,
j'ouvris ma fenêtre et respirai avec délices l'air de
cette belle nuit. La Yung-Fraü découpait son immense dôme de neige et de glace sur le sombre azur
du ciel, où ruisselaient des milliers d'étoiles. Pardonnez à mes folies de rêveur et de poëte! j'en choi-
sis deux, l'une étincelante comme un diamant, l'autre pâle et à demi voilée; et ces deux étoiles devinrent encore pour moi l'image de ce qui se passait
dans mon cœur. Où serait le bonheur? murmurais-
je. Celle-là est bien brillante et bien belle; mais elle
a, dans son éclat même, quelque chose de la dureté
glaciale de ces neiges éternelles où se baigne sa
lueur; l'autre élève à peine son front timide au-dessus de l'horizon lointain; mais l'on dirait qu'elle sourit à la terre, et qu'elle verse aux collines embaumées un peu de sa douce clarté. En ce moment,
comme pour donner une autre forme à ma rêverie, le
prélude d'une valse arriva à mon oreille: c'était Ottavia, à qui l'on avait donné l'appartement principal, où se trouvait un piano, suivant l'usage des au-
berges suisses, et qui, pour se rappeler à moi peut-
être, jouait, de ses doigts agiles, des variations de

Thalberg. En même temps, je jetai les yeux vers une fenêtre placée à l'angle du bâtiment , et où l'on voyait encore de la lumière. Quelque chose me disait que vous étiez là. En effet, à cette faible clarté, je vous vis, passant de cette chambre à la chambre voisine, sans doute pour donner à M. Dunoyer les soins que réclamait son état de souffrance et de fatigue ; puis, vous revîntes ; vous vous mîtes à genoux, les mains jointes, et il me sembla que mon cœur, en cet instant, priait avec vos lèvres... Oh! oui, cette prière commune, élevée vers Dieu par deux âmes que tout séparait alors, et que tout cependant attirait l'une vers l'autre, cette prière a été, j'en suis sûr , le premier lien de nos destinées! Déjà vous me protégiez ; déjà votre céleste image purifiait, à mon insu , mon regard souillé par le regard de la courtisane! Je le reconnais aujourd'hui avec une ineffable reconnaissance : les émotions de cette soirée , les contrastes qui se disputaient mon cœur, ma persistance à vous comparer, vous, inconnue, vous, vision d'un jour, à la femme que je croyais alors devoir décider de mon sort, ces mystérieux détours par lesquels je revenais à vous, tout cela, c'était la voix de mon ange gardien, qui m'avertissait du péril en prenant vos traits!

Ah! qu'il les garde toujours, car maintenant il me serait impossible de vous séparer de lui. Oui, cet amour immense, infini, dont l'expression, si je ne me faisais violence, eût déjà envahi ces pages, cet amour n'est pas l'entraînement irréfléchi d'une imagination romanesque; il ne date pas d'hier; il est né dans cette première soirée où Dieu nous plaça en face l'un de l'autre, où il permit qu'un rayon céleste vînt combattre en moi les prestiges de l'enfer... Car vous n'étiez pas, Madame, une femme luttant contre une autre femme... oh! non, vous étiez mieux que cela : l'ange de rémission, le génie du bien luttant contre le génie du mal, pour sauver de son aveuglement un malheureux qu'on voulait perdre. Ne dites donc pas que je vous ai aimée trop vite; ne dites pas que le Nil commence là où l'œil peut mesurer son cours et ses rives. Invisible alors, révélé maintenant, cet amour est toujours le même; mon cœur n'a pas changé; il comprend aujourd'hui ce qu'il ne comprenait pas alors, voilà tout... Chère et douce bienfaitrice! auriez-vous donc le courage d'interrompre si tôt cette tâche d'ange gardien? Ne voulez-vous donc l'accomplir qu'auprès de ceux qui souffrent ou de ceux qui s'égarent? Ne permettrez-vous pas à celui que vous avez sauvé de vous consacrer ce cœur protégé par vous, et de faire luire, dans votre destinée paisible, un peu de cette joie et de ce bonheur que vous seule pouvez me donner ? Rigoureuse envers vous-même, serez-vous impitoyable envers moi ? M'abandonnerez-vous de nouveau aux dangers du monde, aux tristes hasards de la vie, aux aventures de ma tête folle, contre lesquelles, si vous me délaissez, personne ne me défendra plus? Je suis millionnaire, dites-vous, et vous êtes pauvre : ah! n'abusez pas de mes millions et de votre pauvreté ! ce serait de l'orgueil. C'est justement parce que j'ai une grande fortune, parce que je suis assez riche pour deux, que je puis ne songer qu'à mon bonheur. Aimeriez-vous mieux que nous n'eussions rien, ni l'un ni l'autre ? et croyez-vous qu'une gêne partagée nous rendrait beaucoup plus heureux? Laissons aux romans de grisettes les *quinze cents francs et ma Sophie*. Pour un homme qui sait aimer, je ne crois pas qu'il existe de douleur plus poignante que de ne pouvoir donner à la femme qu'il s'est choisie les jouissances de la richesse. Ainsi donc, Madame, je vous conjure de ne pas profiter de ce premier avantage. Quant à ma naissance, vous serez généreuse de ne m'en parler jamais : elle se rattache pour moi à des souvenirs si terribles, à de si cruels épisodes, à de si effrayantes catastrophes, que, bien différent des autres gentilshommes qui voudraient grossir leurs parchemins, je voudrais déchirer les miens. Pour rentrer dans la vie ordinaire, pour échapper à d'affreux malheurs, pour me reprendre aux affections douces et salutaires, la première condition que je rencontre est de rompre complètement avec le passé, et d'avoir, par conséquent, aussi peu d'ancêtres que possible. Ne m'écrasez donc pas sous les antiques splendeurs de ma famille; ce serait une cruauté, et vous savez qu'il n'est pas poli de rappeler aux gens ce qu'ils désirent oublier. Trouvez-vous cet argument trop subtil pour votre droiture d'esprit et de cœur? Alors je vous répondrai, une main dans la vôtre, que ce qui rend la noblesse précieuse, c'est le souvenir des nobles actions qui lui servent de dates

et d'origines, et que, pour moi, je ne vois rien de
plus noble que la femme d'un négociant qui, de peur
de laisser une tache, une ombre sur la réputation
de probité acquise par son mari et devenue sa noblesse, se résigne à tous les sacrifices, se dépouille
de sa propre fortune, et consent à vivre de pauvreté
et de travail. Là, encore, Madame, l'avantage est de
votre côté, et toucher cette corde, ce serait manquer
à l'humilité chrétienne ; car chez vous la noblesse
est un bien au lieu d'être un souvenir; un rayon au
lieu d'être un reflet. Ne m'en parlez donc plus, si
vous ne voulez pas que je vous accuse de trop me
rappeler à quel point je suis peu digne de vous!

Voilà mon plaidoyer; rien ne manquerait à son
éloquence, s'il suffisait, pour rendre éloquent, d'attacher son malheur ou sa joie au gain ou à la perte
de sa cause. Mais non, j'ai eu tort; je ne devais pas
vous dire tout cela; je devais tout effacer, et n'écrire
qu'un mot, le seul mot du cœur, celui qui remplace,
entraîne, absorbe tout... je vous aime, Ludovise!
Ma main tremble, mon cœur palpite, tout mon être
frissonne, en traçant ces syllabes magiques qui ren-

ferment en elles de quoi guérir les blessures, aplanir les obstacles, combler les abîmes, vaincre les vaines fiertés, séparer ce que tout réunit, réunir ce que tout sépare. Je vous aime! oh! que ce mot est doux à écrire, et que j'ai été fou d'en écrire d'autres! Vous aussi, vous êtes jeune; votre cœur s'est interdit de battre; mais il ne s'est pas fermé pour toujours; rien n'a troublé la sérénité mélancolique de votre regard; mais il n'a pas repoussé pour jamais cette flamme qui est la vie. Votre soleil est-il donc si froid, qu'il n'apprenne pas à aimer, comme il apprend aux rives et aux flots de votre mer à frémir sous ses rayons? Je vous aime; que ce mot termine ma lettre; si vous savez bien le comprendre, nous sommes sauvés tous les deux : si vous persistez à placer entre nous des susceptibilités et des méfiances, atomes que l'amour anéantit dans une seule de ses étincelles, je dirai que mon ange gardien m'abandonne, que ma bienfaitrice s'est lassée de son rôle, qu'elle aime mieux me savoir exposé, loin d'elle, à mille dangers, à mille souffrances, que goûter près de moi le bonheur de me rendre heureux.

CHARLES DE VARNI.

CHARLES A LUDOVISE.

Saint-Tropez, 9 février 1847.

Oui, vous dites vrai; elle serait froide et insensible, la femme qui pourrait lire sans émotion les pages que vous m'adressez. Je ne vous gronderai pas; je ne vous dirai pas que, vous aussi, vous êtes cruel ou du moins imprudent, de parler le langage de la passion à une femme ignorante et simple, qui n'avait d'autre bien que le repos. Ce repos, peut-on le conserver après vous avoir lu? cette paix de l'âme qui m'était si précieuse, ne l'avez-vous pas pour jamais altérée? Vous le dire, c'est vous faire un aveu que je dois refouler au fond de mon cœur: heureuse ou triste, solitaire ou appelée à l'honneur d'être votre femme, qu'il vous suffise de savoir que désormais cette âme que vous accusez d'indifférence, est unie à la vôtre par un lien qui ne se brisera plus. Mais, je vous en prie, laissez-moi encore un peu de sang-

froid et de calme ; laissez-moi la force de discuter
avec moi-même les intérêts de notre avenir, les chances de notre bonheur, les exigences d'une fierté dont
je me reconnais coupable, mais dont je ne consens
pas encore à me corriger. Laissez-moi vous écrire
mes conditions. Si vous ne les trouvez pas très raisonnables, songez que, vous aussi, vous ne prenez
pas toujours la raison pour unique arbitre ; que vous
me paraissez ne pas trop craindre le côté excentrique
de l'imagination et de la vie ; que, si vous êtes un peu
poète, je suis un peu artiste, et qu'il n'est pas bien
de se réserver des monopoles, quand on aspire à la
communauté.

D'abord, nous attendrons que deux années bien
complètes se soient écoulées depuis le jour où
j'ai perdu, en la personne de M. Dunoyer, un
ami et un père ; ceci nous ajournera au mois d'octobre. Ensuite, je conserverai mon indépendance,
c'est-à-dire que votre fortune restera séparée de ma
pauvreté ; je serai votre femme... oh ! bien dévouée
et bien aimante ! mais je ne toucherai pas à vos richesses, ou ma part, si vous persistez à m'en donner

une, ira tout entière aux pauvres. Dût notre ami Ermel se voiler la face, notre contrat maintiendra cette
séparation bien nette, et ne m'assurera aucun avantage, de quelque genre que ce soit. Je demeurerai
toujours l'humble artiste, et je subviendrai à ma toilette avec mes tableaux. Si jamais le regret se glisse
dans votre âme, si je surprends sur votre front, où
ma tendresse lira sans cesse, une ombre, un nuage
qui me dise que vous vous repentez de ce que vous
avez fait, que j'ai eu tort d'avoir confiance, nous nous
quitterons sans orage, et je partirai sans murmure.
Je reprendrai mon mince bagage, mes pinceaux, mon
chevalet et mes toiles, et je reviendrai ici, dans cette
petite maison que vous m'avez conservée et qui me
parlera encore de vous. J'y prierai pour votre bonheur; j'y amasserai dans mon souvenir, comme un
avare dans son trésor, les années, les mois, les jours
d'affection et de joie que vous m'aurez donnés. Si,
dans les phases nouvelles où vous jettera votre imagination mobile, vous rencontrez quelque blessure;
si votre pied se heurte aux aspérités de la route, si
vous avez besoin d'une main amie, toujours prête à
sécher les larmes sans savoir d'où elles viennent,

j'accourrai à votre premier appel ; je serai là, atten-
tive, heureuse de vous faire un peu de bien , prompte
à disparaître de votre existence dès que je serai
gênante, à y rentrer quand je serai nécessaire, à me
souvenir ou à oublier que je suis votre femme, lorsqu'il faudra que je m'en souvienne ou lorsqu'il faudra
que je l'oublie !

Et maintenant, pardonnez-moi ces réserves ; n'y
voyez qu'un dernier tribut payé à des méfiances
qu'amoindrira, j'en suis sûre, chaque jour passé auprès de vous. Si la vivacité de votre imagination
m'effraie en peu, je n'ai pas le courage de m'en plaindre, puisque c'est elle qui vous inspire en ce moment, et que je retrouve en moi-même l'écho de
tout ce qu'elle vous dicte. Qui sait d'ailleurs si les
hommes d'imagination n'ont pas la faculté de donner
à un bonheur fugitif, à un amour passager, assez de
charme, d'enivrement et d'ardeur, pour qu'il soit injuste de les accuser, quand ces ardeurs s'éteignent,
quand ces ivresses se tarissent? Vous le voyez, je
vous cherche d'avance des excuses : les rendrez-vous
nécessaires? Viendra-t-il un jour où ce cœur qui aime

n'aimera plus, où cette main qui trace de douces paroles, ne tressaillera plus dans la mienne? Ah! cette déchéance, cette fragilité des affections, cette action destructive du temps sur les sentimens de l'homme comme sur ses ouvrages, j'ai bien assez de force pour les prévoir, assez de raison pour m'affermir contre elles; mais dites-moi de ne pas y croire, et, si vous le voulez, Charles, je n'y croirai pas!

Ludovise D.

CHARLES A LUDOVISE.

Avignon, 20 février 1847.

J'accepte vos conditions, ou plutôt je les complète; car voici les miennes.

Puisque votre pauvreté se méfie de ma richesse, ma richesse me devient haïssable; tant que vous ne voudrez pas partager, moi aussi je veux être pauvre;

tant que vous ne consentirez pas à ce que tout soit commun, j'exige que tout soit égal.

Je laisserai, comme par le passé, toute ma fortune entre les mains de notre cher notaire ; il en fera l'usage qui lui conviendra. Je rachèterai seulement une terre qui a appartenu à ma famille, et qu'on appelle le Tavelay. Nous y viendrons pendant les chaleurs de l'été ; ensuite, nous irons habiter votre maison de Saint-Tropez ; puis, vers la fin de l'automne, nous prendrons notre vol vers Paris.

Jusqu'au moment où vous aurez assez de confiance et d'amour pour consentir enfin à oublier auprès de moi cette cruelle distinction du *tien* et du *mien*, je suis décidé à ne pas toucher à mes revenus. A Paris comme en Provence, personne ne me connaît, personne ne sait que je suis riche ; je serai donc pour tout le monde, excepté pour Calixte et pour vous, un pauvre artiste, ne vous apportant que beaucoup d'amour, le désir de chercher dans le travail une existence honorable, et la ferme résolution de lutter avec vous contre ces difficultés de la vie, qui doivent être, pour deux cœurs qui s'aiment, la plus forte, la plus précieuse des chaînes. Quelle source de félicités in-connues j'entrevois dans cette pauvreté volontaire ! Vous êtes une admirable paysagiste ; vous avez ap-pris votre art, non pas dans ces études factices qui soumettent la nature à une tradition académique, mais dans la nature même, dans ce livre toujours ou-vert que vous aviez devant les yeux, et dont le soleil et la mer vous traduisaient sans cesse les mystérieu-ses harmonies. Moi, je me pique de littérature ; de-puis que je suis ici, j'ai montré à Calixte Ermel, le plus lettré de tous les notaires, quelques esquisses, quelques rêveries, quelques ébauches de roman et de drame : il m'a fort encouragé ; il trouve que ce n'est pas tout-à-fait de la prose de millionnaire. Ce sera mon bagage à moi, comme vos pinceaux seront votre dot. Chère bienfaitrice ! je vous devrai des joies imprévues, que, sans vous, je n'eusse jamais soupçonnées ! L'été, nous ferons nos provisions d'études pittores-ques et littéraires : je suis allé voir le Tavelay ; c'est une habitation charmante, le plus doux nid que puis-sent choisir les rossignols, les amans et les rêveurs. Ensuite, vous me recevrez chez vous ; et, lorsque les

brouillards de novembre viendront assombrir l'azur
de votre ciel et éteindre la flamme de vos horizons,
nous irons faire fructifier à Paris notre récolte de
l'été et de l'automne. Quant à moi, je sens que c'est
là ma vocation véritable ; je n'étais pas fait pour la
richesse territoriale, entravée de baux à ferme, de
contributions, de discussions et de servitudes. Aimer,
chanter, vivre de peu comme l'oiseau du ciel, comme
lui redouter les cages, fussent-elles d'argent ou d'or,
se poser un moment sous la feuillée pleine de fraîcheur et d'ombre, puis tendre ses ailes au souffle des
brises amies, voilà le vrai bonheur pour ces amans
de l'idéal et du possible qu'on appelle les poètes.
Nous louerons un joli petit appartement, dans quelque quartier de Paris bien aéré et bien gai. Nous
aurons un atelier où vous installerez vos toiles, et, à
côté de votre chevalet, une humble table, où j'écrirai
pendant que vous peindrez... Ludovise ! mon cœur
déborde rien qu'en songeant à ces journées délicieu-
ses où nous serons là, l'un près de l'autre, puisant
mutuellement, dans nos regards, l'inspiration et le
courage ! Et puis, quand nous serons contents de
nous, quand nous aurons bien travaillé, que nous au-

rons trouvé, moi, un libraire, vous, un acheteur, on
va, Madame, avec l'argent *que l'on a gagné*, dîner gaîment tête à tête, ou bien entendre aux Italiens
quelqu'opéra de Rossini. J'ai remarqué, à ce théâtre, une toute petite loge où il n'y a que deux places;
la dernière fois que je suis allé à Paris, cette loge
était habituellement occupée par un jeune homme et
une jeune femme, mariés sans doute depuis peu de
temps. Combien de fois je les ai regardés d'un œil
d'envie ! Dans les momens où la mélodie s'élevait sur
les vagues tumultueuses de l'orchestre, où la voix de
ces ravissans chanteurs faisait passer dans toute la
salle un frisson de plaisir, je voyais la jeune femme
roulant sous ses longs cils une douce larme, et se
penchant à demi sur l'épaule de son compagnon, pendant que leurs mains se pressaient dans une silencieuse étreinte; et moi, je n'écoutais plus ni Julia,
ni Mario, ni Lablache : je sortais de la salle, jaloux
de tant de bonheur, et me débattant avec angoisses
contre mon isolement... Oh ! maintenant, Ludovise,
je ne sortirai plus, car cette loge sera la nôtre; c'est
nous qui serons là, échangeant cette muette étreinte
à chacune de ces mélodies charmantes qui donneront

un rhythme à l'immortelle mélodie de nos âmes!...
Là ne se borneront pas nos joies. Comme rien au
monde ne pourra me persuader de thésauriser, et
qu'il faudra bien qu'au milieu de ces félicités écono-
miques nos revenus se dépensent, vous devinez, n'est-
ce pas, l'emploi que je compte en faire? Quel bonheur de pouvoir adoucir de vraies misères à l'aide de
cette pauvreté factice, de pouvoir répandre sur nos
pas toutes ces richesses dont nous ne serons que les
dépositaires? Quel bonheur de savoir qu'au Tavelay
ou à Saint-Tropez, chaque indigent aura sa journée
de travail et son morceau de pain, pendant que, nous
aussi, nous gagnerons notre pain avec notre travail?
Et lorsque nous apprendrons qu'un peintre, un sculp-
teur, un musicien, un poète court risque de succomber
faute d'un appui, faute de cette obole qui se donne,
mais qui ne se demande pas, quel plaisir de jouer
auprès de lui le rôle de la Providence, de faire luire
dans sa mansarde un rayon de bien-être et d'espoir!
Ce sera là notre luxe, et celui-là, Ludovise, ne con-
sentirez-vous point à le partager avec moi? Oh! mon
cœur ne me trompe pas; il me révèle le vôtre; il me
dit que c'est par cette communauté de bienfaits que

je pourrai, peu à peu, vous amener à celle que vous
refusez aujourd'hui ; il me dit que, consacrée par la
charité, ma fortune ne vous effraiera plus. En attendant, chère bien-aimée, je vous remercie ! Grâce à
vous, je connaîtrai toutes les jouissances de la richesse et toutes celles de la pauvreté ! Que cette pensée m'est douce ! Il me semble qu'en créant pour
moi deux existences dans une seule, elle me crée
aussi deux amours dans un seul ! Oui, je t'aimerai
deux fois, ou plutôt ma vie tout entière ne sera qu'a-
mour, reconnaissance, remercîment ! Chère compagne ! chère lumière, brillant tout-à-coup dans ma
solitude pour dissiper, comme l'aube d'un beau jour,
les sinistres ténèbres de mon passé ! oh ! consens à te
laisser aimer comme jamais femme ne l'aura été en
ce monde ! aimée pour le bonheur que tu me donnes !
aimée pour les douleurs dont tu me sauves ! Ne te
lasse pas, ne te lasse jamais de cette tâche réparatrice
que Dieu lui-même t'assigne, puisqu'il te place sur
mon chemin comme ces anges qui, cachés sous une
forme mortelle, se tenaient à l'angle de deux routes,
pour indiquer celle du salut ! Ludovise ! tu dis que
mon imagination ardente, que mon esprit romanes-

que t'épouvante pour l'avenir... oh ! tais-toi, ne blas-
phême pas ces dons célestes ; ne méconnais pas cette
flamme qui confond devant Dieu le parfum de deux
cœurs, comme un précieux encens. Résigne-toi à être
adorée, à être heureuse ! Écris-moi que je puis, sans
te déplaire, regarder comme anéantis tous les obstacles chimériques que mon amour mérite de vaincre !
Écrivez-moi, Madame, que si j'ose me présenter devant vos regards, tu me recevras, Ludovise, comme
ton ami, comme ton amant, comme ton époux !

CHARLES DE V.

LUDOVISE A CHARLES.

Saint-Tropez, 4 mars 1847.

Viens ! tu m'enivres, je t'aime et je t'attends !

FIN DE LA TROISIÈME PARTIE.

ÉPILOGUE.

Pendant les quelques mois qui suivirent cette correspondance de Charles et de Ludovise, M. de Varni partagea son temps entre Avignon et Saint-Tropez. Chacune des journées qu'il passa auprès de madame Dunoyer lui apprit à l'aimer davantage ; et il éprouvait d'autant plus de joie à sentir cet amour s'emparer peu à peu de son âme et l'absorber tout entière, qu'il lui était facile, grâce à la franchise, à la simplicité charmante de Ludovise , de comprendre à quel point cette tendresse était partagée.

Aussi , ces semaines et ces mois furent un véritable enchantement. Lorsque Charles avait donné quelques jours aux affaires; lorsque maître Calixte Ermel, rajeuni par le bonheur , avait condamné son client à écouter quelque long rapport sur la situation de sa fortune , sur l'achat du Tavelay, sur les placemens ou les mutations à opérer , l'heureux amant prenait son vol, et allait bien vite s'indemniser à Saint-Tropez de sa résignation et de son attente. Pour ne blesser aucune convenance, malgré la liberté complète dont jouissait Ludovise, il avait pris un logement dans la ville, à cinq minutes à peu près de la jolie maison que Ludovise habitait : il arrivait le matin auprès d'elle, et il la quittait le soir.

Le bonheur, l'amour se racontent-ils ? Est-il permis à une main vieillie et attristée de peindre cette pure et délicieuse ivresse de deux cœurs qui se sont donnés avec tant de confiance et d'abandon que chacun des deux, pour se reprendre à l'autre , serait

obligé de le briser ? La maison de madame Dunoyer
était située à mi-côte ; le jardin était clos par un
mur qui dominait le chemin en pente par où l'on
arrivait de la ville. A l'angle de ce mur, il y avait une
petite porte verte, habituellement condamnée, car
l'entrée officielle se trouvait à quelques centaines de
pas plus loin et plus haut. Mais, pour que Charles
pût être quelques minutes plus tôt dans ce bienheu-
reux jardin, Ludovise s'était souvenue de cette porte ;
elle n'en avait pas donné la clé à M. de Varni ; seulement, par une sorte de convention tacite, elle s'y
trouvait toujours lorsqu'il y touchait ; la docile porte
s'ouvrait d'elle-même, comme sous la main d'une
bonne fée : Eh ! n'en était-ce pas une, bien gracieuse
et bien belle ? la fée de la jeunesse et de l'amour,
des radieuses espérances et des tendresses immortelles !

Ludovise était donc là, au bout d'une allée d'o-
rangers, à cette heure matinale où tout paraît plus
frais et plus aimable, où les perles de la nuit brillent
encore sur les feuilles et les doux rêves dans les
humides regards. Madame Dunoyer était en petit

deuil; elle portait une robe blanche, bien simple, avec une longue ceinture de moire noire qui serrait sa taille souple et tombait presque jusqu'à terre. Un ruban pareil attachait son chapeau de paille, et rivalisait à peine de tons noirs et moirés avec les bandeaux lisses et lustrés de ses beaux cheveux. Son pied, d'une petitesse et d'une cambrure provençales, tenait à l'aise dans un brodequin verni qui eût fort dérangé la fortune de Cendrillon, si Ramiro l'eût rencontré sur son chemin.

Elle prenait le bras de Charles et le conduisait à travers cette allée toute dorée de fruits et toute embaumée de fleurs, jusqu'à une modeste terrasse où la vue était magnifique. Charles y trouvait le déjeuner servi sur une petite table où il eût été impossible de déjeuner trois. Ludovise n'avait pour tout domestique qu'une pauvre Smyrniote que le capitaine Gérard, son père, avait ramenée de ses voyages, qui avait vieilli dans la maison, et qui n'était pas plus gênante qu'un meuble ou qu'un chien. Les deux amans déjeunaient donc tête à tête, sous ce beau ciel, en face de cette mer aux vagues bleues, à peine

plissées, que pressent, comme d'une caressante
étreinte, les collines du Var, toutes boisées de pins
d'Italie et de chênes-liéges. Ensuite Ludovise prenait ses cartons et son attirail de peinture ; elle en
confiait une partie à Charles, et ils se dirigeaient
ensemble vers les hauteurs pour choisir un point de
vue qui convînt à la belle paysagiste. Ils n'avaient
pas de peine à en trouver ; quel site ne semble digne
d'être à jamais fixé sur la toile, à qui le contemple
avec un cœur où le bonheur déborde, à qui en voit
les clartés et les couleurs se réfléter dans des yeux
aimés ? Charles déployait et fixait le grand parasol ;
il ouvrait le pliant, et Ludovic se mettait au travail ;
M. de Varni se couchait à ses pieds, allumait un cigare, et, le regard fixé sur sa compagne, il s'abandonnait à une de ces rêveuses extases où l'âme, se
détachant peu à peu du réel et du fini, accueillerait
comme une souffrance tout ce qui la ramènerait au
sentiment de l'activité et de la vie ; quelquefois, il
interrompait ses longs silences pour dire tout bas à
Ludovise : « Je t'aime ! » Elle ne lui répondait pas ;
et cependant tous deux avaient parlé.

On rentrait au coucher du soleil. Charles goûtait en poète, et Ludovise en peintre, ces éternelles magnificences, cet hymne quotidien de la vague envahie peu à peu par le rayon, ce moment solennel où le soleil et la mer semblent s'absorber l'un dans l'autre, où ce que le ciel a de plus splendide s'unit à ce que la terre a de plus grand. On descendait lentement par des sentiers raides et inégaux où Ludovise était forcée de s'appuyer sur le bras de Charles. Ils se retrouvaient sur la terrasse à la nuit tombante, et dînaient de bon appétit, à la douce lueur de ce crépuscule d'été qu'on dirait un rayon oublié par le jour, comme une pièce d'or que laisse tomber sous ses pas un millionnaire insouciant. Après dîner, madame Dunoyer entrait seule dans son salon, dont les fenêtres restaient ouvertes, et où, de crainte des moustiques, on n'allumait pas de lumière. Elle se mettait à son piano; et, de sa voix pure et vibrante, elle chantait une ballade provençale ou une douce romance, à laquelle répondait parfois, de la rive, le chant lointain de quelque pêcheur attardé. Pendant ce temps, Charles, resté au dehors, près de l'appui de la fenêtre, cueillait au hasard un bouquet parmi les

arbustes ou les plantes grimpantes qui tapissaient
l'humble façade. Lorsque Ludovise cessait de chanter, elle s'approchait de la fenêtre, et tendait sa main
à Charles, qui la couvrait de baisers et lui laissait
son bouquet.: c'était l'adieu. M. de Varni reprenait
alors le chemin de Saint-Tropez, beaucoup plus lentement qu'il n'était venu. Ses fleurs passaient la nuit
dans une coupe de cristal, près du chevet de Ludovise ; et. le lendemain matin, il les retrouvait à sa
ceinture, fraîches et suaves comme elle... Niaiseries
divines ! dites aux politiques et aux sages, aux blasés
et aux sceptiques, d'inventer quelque chose qui vous
vaille ! alors, si nous sommes jeunes, nous vous re-
nierons ; et, si nous sommes vieux, nous cesserons
de vous regretter !

Le mois d'octobre approchait ; c'était l'époque qui
devait clore la seconde année du deuil de Ludovise
et qu'elle avait fixée pour son mariage avec M. de
Varni. Charles la quitta donc, pour la dernière fois,
vers la fin de septembre ; il fut convenu entre eux
qu'il reviendrait, quelques jours après, avec Calixte
Ermel. Le bon Notaire devait laisser à son confrère

de Saint-Tropez l'honneur de rédiger le contrat, et assister au mariage comme témoin et comme ami.

Charles et Calixte passèrent à Avignon ces derniers jours d'attente, adoucis par une active et tendre correspondance. Le Notaire les employa à régulariser, avec encore plus d'ordre et de perfection, la fortune de M. de Varni. « Tenez, lui dit-il un matin en lui présentant un livre de comptes tenu avec une netteté admirable, si je venais à mourir d'ici à demain, vous pourriez voir aussi clair là-dedans que si vous n'aviez jamais cessé d'administrer vos biens. — Mourir, vous ! répliqua Charles en riant : est-ce qu'on meurt quand on est heureux ? Depuis mon arrivée à Avignon, vous avez rajeuni de dix ans. »

Le 9 octobre, M. de Varni et Calixte Ermel se mirent en route pour Saint-Tropez ; ils voyageaient en poste, et se proposaient de coucher, le premier soir, à Toulon, et d'arriver, le second jour, auprès de madame Dunoyer.

Mais le temps était si beau, ils se trouvaient si bien

dans leur briska découvert; et Charles était si amou=
reux, qu'une fois à Toulon ils se décidèrent à con=
tinuer leur route et à voyager toute la nuit.

Lorsqu'ils traversèrent la longue rue d'Hyères, il
était onze heures du soir; les cafés se fermaient; la
rue était déserte; Charles, tout entier à ses pensées
d'amour, gardait le silence. D'autres images occu-
paient l'esprit de Calixte Ermel : il se souvenait que
cette ville si riante et si embaumée avait été le lieu
de rendez-vous où Maria de Varni, mourante, mais
implacable, avait réuni les légataires de sa vengeance,
où s'était noué ce sombre drame qui, pendant près
d'un siècle, avait pesé sur les trois familles maudites,
et qu'allait clore enfin un peu de bonheur et de joie.
Dans cette plaine silencieuse et calme d'où la brise
des nuits apportait, de temps à autre, quelque âpre
parfum d'algue marine ou quelque douce senteur de
lentisque et de citronnier, l'imagination de Calixte
croyait voir errer le blanc fantôme de Maria, le spectre inflexible de Claude, l'ombre désolée de Julie.

En sortant d'Hyères, la route côtoie le lit d'un torrent desséché, transformé presque en jardin anglais par les énormes touffes de lauriers-roses, de pistachiers et de tamaris qui y dessinent des allées et des bosquets naturels. « C'est peut-être là que se promenait Maria avec sa compagne, pensa Calixte, lorsque Claude Rioux, en casaque de galérien, parut tout-à-coup devant elles ! »

Au même instant, comme pour répondre à cette évocation du passé, un homme de haute taille se dressa du milieu d'une de ces touffes d'arbustes, et, se plaçant au bord de la route, un pistolet dirigé vers la voiture :

— Charles et Calixte, s'écria-t-il, avez-vous pu croire que Simon d'Arrioules ne reparaîtrait jamais devant vous ?

Plus prompt que l'éclair, Charles qui, à cette voix et à ce nom, sentit passer dans ses veines plus de colère que de peur, se pencha vers une des poches du briska, où il avait mis, à tout hasard, une paire de pistolets. Par ce mouvement, M. de Varni, qui se

trouvait le plus rapproché de Simon, laissa à découvert maître Ermel. Celui-ci, comme s'il cédait à un
mystérieux instinct, se tourna de face vers M. d'Arrioules, dont le coup partit en ce moment et frappa
le Notaire en pleine poitrine. — C'est juste, et Dieu
est bon ! murmura Calixte en s'affaissant sur les cous-
sins de la voiture. Mais la détonation du pistolet de
Simon fut suivie, presqu'aussi vite que dans un exer-
cice à feu, par celle du pistolet de Charles, qui at-
teignit son ennemi à la hanche. D'Arrioules tomba en
poussant un cri de malédiction et de douleur. Tout
cela fut plus rapide que la pensée.

Le postillon, épouvanté, avait arrêté ses chevaux.
Charles qui, au milieu de l'ivresse du péril, n'avait
pas le sentiment bien net de ce qui venait de se passer, sauta à bas de la voiture : il vit que Calixte Ermel était mortellement blessé, et que son sang cou-
lait à flots. La blessure de Simon paraissait tout aussi
grave, il était couché sur le dos, refusait de répondre, et ne donnait signe de vie que par sa respiration
haletante et oppressée.

Aidé du postillon, Charles plaça d'Arrioules dans la voiture à côté de maître Ermel ; ne voulant pas revenir à Hyères, dont on était déjà un peu loin et où il craignait que l'arrivée de cet étrange et sinistre équipage n'éveillât bien des commentaires et du bruit, il le fit diriger vers une ferme située près de la route, et qui fait partie du domaine de Sainte-Eulalie. Au moyen d'une large récompense offerte au fermier et à sa femme, il les décida à lui abandonner toute la maison : elle était si peu considérable, qu'il fut obligé d'installer dans la même chambre Calixte et Simon, l'ami et l'ennemi. En même temps, et toujours par les mêmes procédés de munificence, il transforma le postillon en courrier, et l'envoya à Saint-Tropez avec un billet où il informait Ludovise de l'incident terrible qui le retenait à Hyères.

Ce fut seulement alors qu'en sentant se dissiper la fièvre qui accompagne de pareils momens, Charles se rendit un compte exact de ce court et tragique épisode ; il se tourna vers Calixte, qu'on venait d'établir tant bien que mal sur un matelas, et tombant à genoux près de lui :

— C'est pour moi que vous mourez! s'écria-t-il

en sanglotant.

Malgré de cruelles souffrances, la figure d'Ermel
était restée paisible et sereine.

— Charles, dit-il, consolez-vous; c'est moi qui
devais mourir. C'est en moi que devait s'accomplir
l'expiation suprême; si ma mort vous sauve, c'est
que Dieu exauce le veu que je lui ai adressé tant de
fois; c'est que nous n'avons tous deux qu'à reconnaître sa justice et à adorer sa bouté!

— Calixte! mon seul ami! mon père! s'écriait
Charles toujours à genoux et en arrosant de ses
larmes les mains brûlantes du Notaire.

— Votre ami! murmurait le blessé avec un sourire d'une douceur ineffable; oui, vous dites vrai...
je vous aime... mais je ne suis pas seul à vous aimer... vous savez bien? Saint-Tropez!... Ludovise!..
Oh! je ne regrette qu'une chose, c'est de mourir
sans revoir cette chère enfant!

Charles baissa la tête et n'osa pas répondre ; il avait honte de lui-même ; près de ce lit de mort, il venait de sentir ce nom adoré reprendre possession de toute son âme. Le Notaire le regarda, le devina et sourit encore.

— Et vous, dit alors M. de Varni en se tournant vers d'Arrioules, couché comme Ermel sur un matelas, ne vous repentirez-vous pas ? ne prierez-vous pas Dieu de vous pardonner ?

Simon fixa sur lui un regard farouche où se peignait le désespoir et la haine ; ce fut sa seule réponse.

M. de Varni avait envoyé chercher un chirurgien par le fermier de Sainte-Eulalie. Au bout de quelques heures, le chirurgien arriva ; il alla d'un blessé à l'autre, leur tâta le pouls, visita leurs plaies, ordonna et prépara un pansement : puis, prenant Charles à part dans l'embrasure d'une fenêtre :

— Ni l'un, ni l'autre ne passera la journée, lui dit-il tout bas.

Il était quatre heures du matin.

Bientôt après, le jour se leva, pâle et blafard comme une matinée d'automne. L'agonie de Calixte et de Simon était visible ; chez le premier, elle était douce et calme ; chez le second, silencieuse et sombre. Un prêtre, appelé par Charles, était accouru ; Calixte Ermel reçut tous les soins de son ministère avec une foi vive, une pieuse résignation. D'Arrioules ne voulut ni répondre, ni écouter.

La journée s'écoula ainsi : Charles, agenouillé près du Notaire, priait avec le prêtre ; quelquefois il reprenait la main de Calixte, et disait en promenant ses lèvres sur cette main mourante :

— C'est moi qui vous tue !

— Non ! répondait doucement Ermel ; c'est moi qui vous sauve !

De temps à autre, M. de Varni s'approchait de

Simon d'Arrioules, qui persistait dans son silence et dans son immobilité sinistre.

— Je vous en conjure, lui disait-il, écoutez ce saint prêtre ! Repentez-vous, nous vous pardonnons !... Tout le mal que vous avez fait peut s'anéantir dans une prière, dans une larme !

Rien ne put vaincre le mutisme de d'Arrioules ; une fois seulement, un observateur attentif aurait pu le voir tressaillir : ce fut lorsque le Notaire, entraîné par ses souvenirs, murmura à demi-voix :

— Rien n'y manque ; c'est aujourd'hui le 10 octobre, et nous sommes à Hyères ! L'expiation aura la même date que le pacte.

Le soir approchait ; les deux agonisans s'affaiblissaient de plus en plus ; on eût dit que, par une permission providentielle, la mort allait saisir tous les deux ensemble, le dernier héritier de Dominique et le dernier héritier de Claude.

Tout-à-coup d'Arrioules fit signe qu'il voulait parler ; Charles s'avança vers lui :

— M. de Varni, lui dit Simon d'une voix éteinte, depuis un an je ne vous avais pas perdu de vue ; j'ai épié tous vos pas, suivi toutes vos traces ; j'ai su quel sentiment vous attirait à Saint-Tropez ; j'ai voulu attendre, pour vous frapper, le moment où vous toucheriez au bonheur, afin que la mort vous fût plus cruelle... car je vous hais ; ma haine n'était plus pour moi un héritage ; elle faisait partie de mon être, et elle ne sortira de mon cœur qu'avec mon dernier souffle !...

— O mon Dieu ! interrompit Charles avec une pitié douloureuse, pardonnez à cette âme poussée à l'abîme par une fatalité terrible !

— Oui, j'ai attendu, reprit le moribond ; j'ai su que vous deviez passer ici ; j'étais au courant de vos projets, de votre itinéraire. Il y a plusieurs jours que je guettais votre passage... Le ciel ou l'enfer se sont placés entre vous et moi...

— Le ciel ! s'écria M. de Varni en se retournant vers Calixte Ermel.

— Je suis vaincu ! poursuivit Simon, dont les paroles entrecoupées par le râle précurseur de la mort devenaient presqu'inintelligibles ; ma haine est impuissante... Le sombre génie de Maria s'éteint et succombe en moi... Pourtant, Charles ! ajouta-t-il avec un effrayant sourire et en se ranimant par un suprême effort, est-ce qu'Ottavia n'était pas bien belle ?... Est-ce que votre cœur ne garde pas quelque chose du trait empoisonné que j'y avais glissé ?.. Oh ! souvenez-vous de cette beauté souveraine, de ce regard qui brûle et qu'on n'oublie pas !... Charles, souvenez-vous de l'Oberland !

En ce moment, la porte s'ouvrit, et Ludovise parut sur le seuil ; elle avait reçu le billet de M. de Varni ; et, sans perdre une seconde, elle était accourue.

—Oh! l'ange du pardon ! dit Calixte Ermel en regardant Ludovise avec une expression de joie céleste.

— Malheur ! Il ne regrettera plus rien ! murmura Simon en se soulevant à demi et en retombant sur son grabat.

Quelques minutes après, Calixte et Simon avaient rendu le dernier soupir. Le prêtre priait. M. de Varni, toujours à genoux près du corps inanimé de maître Ermel, ne se lassait pas de regarder, à travers ses larmes, ce visage dont les traits conservaient, dans la mort, leur calme et leur sérénité. Doucement inclinée vers Charles, Ludovise pleurait avec lui ; elle s'était emparée d'une de ses mains qu'elle pressait dans les siennes ; et il suffisait de contempler cette ravissante figure, où la douleur même avait une expression de jeunesse et d'amour, pour comprendre que cette journée funèbre ne renfermait pas, pour M. de Varni, un de ces malheurs sans consolation, sans remède et sans espérance, tels qu'il ne s'en est rencontré que trop dans ces MÉMOIRES D'UN NOTAIRE.

FIN DU TROISIÈME ET DERNIER VOLUME.

NOTE 1, TOME 2, PAGE 269.

L'historien est obligé d'admettre dans son récit tous les personnages, toutes les circonstances qui y concourent. Un procédé différent est imposé au romancier. Il est tenu d'élaguer, de simplifier, de ne laisser subsister que les groupes principaux, les principales figures sur lesquelles le regard doit se concentrer.

C'est aux exigences de ce procédé qu'on doit attribuer certaines omissions, certaines modifications de détail, dans cette partie de notre roman. Ainsi, lorsque Drouet partit à cheval de Sainte Ménehould pour Varennes, il fut suivi par un maréchal-des-logis du détachement de Sainte-Ménehould nommé Lagache; se voyant poursuivi et au moment d'être atteint, il se jeta dans les bois qu'il connaissait parfaitement, et mit ainsi à couvert sa personne et ses projets.

NOTE 2, TOME 2, PAGE 296.

Ce passage n'est pas conforme à l'histoire. Le *Royal-Allemand* mit une heure pour s'apprêter, au lieu de dix minutes qu'il lui fallait. On perdit aussi du temps pour chercher un gué qu'un des officiers connaissait, dit-on, et qu'il ne voulut pas désigner, de crainte d'amener une collision entre le régiment et les gardes nationales.

NOTE 3, TOME 2, PAGE 257. (Historique.)

Fidèle à ce procédé de *simplification* dont j'ai parlé ci-dessus, et qui m'interdisait de trop multiplier mes personnages, j'ai écarté de mon récit M. le comte de Bouillé qui joua cependant dans ce drame de Varennes, un rôle aussi actif qu'honorable. On conçoit dès lors, que réunissant sur une seule personne la part prise à ces évènements par le marquis de Bouillé et par son fils, j'aie dû commettre quelques inexactitudes. J'ai pensé, je le répète, qu'il suffisait de ne pas altérer les lignes principales et le sens historique des faits.

NOTE 4, TOME 2, PAGE 301.

Même observation que ci-dessus: Je désigne M. de Goguelas, parce que son nom a été mêlé aux incidens de cette fatale nuit; ce n'est pourtant pas lui qui commandait la petite troupe que rencontra M. de Bouillé.

TABLE DU TROISIÈME VOLUME.

HISTOIRE

DU ROI DE ROME

(DUC DE REICHSTADT),

précédée d'un coup d'œil rétrospectif sur la Révolution, le Consulat et l'Empire,

PAR J. M. CHOPIN,

AUTEUR DE L'HISTOIRE DES RÉVOLUTIONS DES PEUPLES DU NORD, DE L'HISTOIRE DE RUSSIE, DE DANEMARCK, ETC., ETC., SUIVIE D'UN PRÉCIS HISTORIQUE SUR

LA FAMILLE BONAPARTE.

OUVRAGE ILLUSTRÉ DE 20 BELLES VIGNETTES

Dessinées par MM. Jules David, Schopin, Latil, Baron, A. Marquet, Staal, et gravées par M. A. Portier.

CONDITIONS DE LA SOUSCRIPTION :

L'HISTOIRE DU ROI DE ROME ET DE LA FAMILLE BONAPARTE, illustrée, sera publiée en 65 livraisons.

L'ouvrage formera deux forts volumes, format très grand in-8°, papier vélin, contenant 20 gravures sur acier.

Le prix de la livraison est de 30 cent. pour Paris et 40 cent. pour la province.

Il paraîtra une livraison ou deux par semaine.

Les quarante premières livraisons sont en vente.

Imprimerie D'ÉDOUARD PROUX et comp., rue Neuve-des-Bons-Enfants, 8.

www.ingramcontent.com/pod-product-compliance
Lightning Source LLC
LaVergne TN
LVHW010759060726
842527LV00002B/506